U0895149

［马来西亚］霹雳州非伊斯兰事务局赞助计划阶段性成果

马来西亚霹雳怡保岩洞庙宇史录与传说

TRAILS OF THE NANYANG CHINESE:
HISTORY AND LEGENDS OF THE CAVE TEMPLES IN IPOH OF MALAYSIA

陈爱梅　杜忠全　主编

中国社会科学出版社

图书在版编目（CIP）数据

南洋华踪：马来西亚霹雳怡保岩洞庙宇史录与传说／陈爱梅，杜忠全主编．—北京：中国社会科学出版社，2017.7

ISBN 978－7－5203－0625－6

Ⅰ.①南… Ⅱ.①陈… ②杜… Ⅲ.①岩洞—寺庙—史料—马来西亚 Ⅳ.①K933.87

中国版本图书馆 CIP 数据核字(2017)第 150426 号

出 版 人 赵剑英
责任编辑 宋燕鹏
责任校对 张依婧
责任印制 李寡寡

出　　版 中国社会科学出版社
社　　址 北京鼓楼西大街甲 158 号
邮　　编 100720
网　　址 http://www.csspw.cn
发 行 部 010－84083685
门 市 部 010－84029450
经　　销 新华书店及其他书店

印刷装订 北京君升印刷有限公司
版　　次 2017 年 7 月第 1 版
印　　次 2017 年 7 月第 1 次印刷

开　　本 710×1000 1/16
印　　张 18.5
插　　页 2
字　　数 305 千字
定　　价 188.00 元

出版工作委员

主　　编　陈爱梅　杜忠全

作　　者　陈爱梅　杜忠全　廖明威　陈昭慧

学术审查　（以姓氏拼音为序）

释开谛　谢志明　严家建

英文翻译　陈文辉　潘怡洁

英译审查　黄裕端

摄　　影　邓汶康

助　　理　王敏仪　林诗萍

支 持 方　马来西亚霹雳州非伊斯兰事务局

Committee

Editors: Dr. Tan Ai Boay, Toh Teong Chuan

Writers: Dr. Tan Ai Boay, Toh Teong Chuan, Liow Min Wei and Tan Chaw Hui

Reviewers: Shih. Kai Ti, Cheah Chee Ming, Dr. Yam Kah Kean

English translators: Pan Yi Chieh, Tan Wen Hui

English Translationeditor: Dr. Wong Yee Tuan

Photographer: Tang Man Hong

Research Assistance: Ong Min Yu, Amy Ling Su Ping

Sponsored by: Perak Non-Islamic Affairs Department

Preface One

Tan Chee-Beng (陈志明教授),
Distinguished Professor,
Department of Anthropology,
Sun Yat-sen University, Guangzhou.

Ipoh, the capital of Perak in Malaysia, is known for many things. In history, it is known for tin mining and Chinese immigration. Today, visitors to the city are more likely to think about eating delicious Ipoh Hohfan and buying its famed pomelos. Like other cities and towns in Malaysia, Ipoh is also known for its many temples. Most special are the many temples built in limestone caves at the outskirts of Ipoh. Whether one drives along the old trunk road or the present highway, one cannot fail to note some of these impressive cave temples. Most of the Chinese here are Cantonese and Hakka, and so the temples here reflect the influence of these speech groups. The English names of the Chinese temples here, for instance, are transcribed according to Cantonese pronunciation.

I am pleased to accept the invitation of Ms. Tan Ai Boay to write this preface. This book edited by Tan Ai Boay and Toh Teong Chuan provides original descriptions of seven of the many temples that they and their colleagues from Universiti Tunku Abdul Rahman have studied. Three of these historically important temples are Buddhist and four are Taoist. While the book is not a sociological analysis of temples in Ipoh, it contributes to the original study of each temple's history and provides information on the main founders as well as the monks and Taoist priests who managed the temples. It also describes the epigraphic materials found in the temples. The information provided not only helps us to understand the history and nature of the temples, it is also valuable for further research which can contribute to the overall study of Chinese popular religion in Malaysia.

Given the lack of detailed study of Taoist Religion in Malaysia, the finding that four of the temples were founded by Taoist priests is significant. What is even more significant is the finding that Loong Thow Ngam (Longtou Yan 龙头岩) and Nam Thean Tong (Nantian Dong 南天洞) were founded by Taoist priests of the Quanzhen tradition, which is not known to be important in Malaysia, where the Taoist tradition has been mainly of the Zhengyi Sect. Researcher Tan Chaw Hui found that Loong Thow Ngam originally belonged to the Haiyun Branch (海云派) of Quanzhen School of Taoist Religion. Nan Thean Tong was founded in the later part of the nineteenth century as Nan Daoyuan, clearly a Taoist temple, and researcher Liow Min Wei traces it to Quanzhen origin. Although the display of many Taoist deities does not clearly reflect any particular Taoist tradition, at Nam Thean Tong there seems to be an emphasis on the three teachings (*sanjiao*) of Confucianism, Buddhism and Taoism, a feature that is characteristic of the Quanzhen tradition. The tracing of the origin of these temples to Quanzhen is interesting and this can be further researched. The other Taoist temple, Nam Tou Ngam (南道岩) is a private Taoist temple, while Tung Wah Tong (东华洞) is associated with the famous Chinese tycoon Eu Tong Sen (余东璇), who donated the land for the temple.

Kwong Fook Ngam (Guangfu Yan 广福岩), perhaps the oldest limestone cave in Ipoh, was founded in 1890. Both this and the other two Buddhist cave temples, Sam Poh Tong (三宝洞) and Perak Tong (霹雳洞), are today grand Buddhist temples which attract many tourists, who get to see many epigraphic and calligraphic works.

Malaysia and Singapore have many Chinese temples and shrines, and it is encouraging that young scholars are interested to do original research to find out the origin of temples and describe their characteristics. I fully support their work and trust that this will lead to more comprehensive study.

序　二

黄贤强博士
新加坡国立大学中文系

位于霹雳州近打河流域的怡保在马来西亚的历史发展中曾经有其辉煌的一页。从 19 世纪下半叶至日本侵略前夕，它是马来亚（马来西亚的前身）的经济重镇，曾有“锡都”的美称，因为近打河谷的锡产量，曾名列世界前茅。当地旧街场的百万富翁俱乐部“闲真别墅”和“二奶巷”，见证了怡保的繁华和沧桑。但战后随着锡产量逐渐减少，乃至于枯竭，这个山城也迈入近乎停滞的时期。当马来西亚其他城市如吉隆坡、槟城、新山等地在国家独立后持续发展时，怡保似乎被遗忘了。近年来，怡保又慢慢热闹起来，途径怡保的游客，或许会为白咖啡的飘香而流连忘返、为芽菜鸡的美味而垂涎三尺，或许也会为沿途触目所见的岩洞景象叹为观止。但不管是游客，还是当地的居民对这些岩洞以及依附其旁的庙宇之认识有限，遑论其历史和文化内涵。《南洋华踪：马来西亚霹雳怡保岩洞庙宇史录与传说》这本新著正是掀开这些岩洞及相关庙宇的历史和文化面纱，将怡保的人文景观和宗教风采展现于世，值得赏阅。

年少时我曾游览怡保，记得曾在霹雳洞、三宝洞和极乐洞走马看花，但印象模糊。近年因为教研关系，特别关注北马的华人史记，也曾多次带领新加坡国立大学的研究生和本科生来怡保考察，其中包括参观了几个著名的怡保洞岩。但坦白说，我们看到的仍是景物的表象和一般的文宣介绍。日前有幸收到爱梅博士发来的书稿，不只先睹为快，更为书稿的丰富内容惊叹不已。原来怡保除了旅游文宣所看到的几个岩洞庙宇外，还有许多不为人知，但同样具有历史和文化意义的岩洞庙宇。本书收录了 49 个怡保岩洞庙宇的信息，包括各庙宇的中外文名称和祭祀的主神等，并将其中7座庙宇作重点介绍，包括成立年代、缘起、发展和演变、相关人物等，内容充实，让人大开眼界，值得赞叹。

细读调研人员和编著者的田调札记，知道这个调研成果得来不易，除了地利（团队人员都是在怡保和附近地区生活和教研工作者）与人和（获得霹雳州非伊斯兰事务局和拉曼大学的支持）外，这个调研团队结合辛苦的田野调查、访谈实录和认真的文献考证，将过去很多不甚清楚的史实厘清，将长期受忽略的史迹尽可能让它们水落石出，将可能即将随着逝者消失的传闻和个人记忆，化为永恒的记录和重塑集体历史记忆的基础。时间对史学工作而言是倍感压力的，就如这个调研报告所言，有些庙宇的碑铭和物件已经遗失了，有些当事人的记忆或后人的传闻已经模糊了，但如果今天不做这些工作，十年后或百年后我们再来做，更是人事已非，甚至景物变异，所得的成果肯定会再打折扣。所以亡羊补牢，总比一再蹉跎来得更好。这个调研团队的工作和努力，值得表彰。

本书再现了怡保四十余座岩洞庙宇，并在有限的时间内完成其中7座庙宇的详细论述。其他的庙宇只好等待以后的时机和发现更多的资料后，再接续完成。希望这个后续工作，能在不久的将来如愿以偿，为怡保的文化内涵做出更多的披露。值得一提的是，怡保岩洞庙宇的资料收集和研究，亦可以成为霹雳其他地区，甚至是马来西亚其他地区的地方史料的收集和研究的一个范例。由于本书汇集了丰富的田野调查、口述记忆、碑铭文字、官方文献等，也为以后有志研究者铺设了深入的专题研究之基础。从这本书可以引发许多讨论的问题，例如，到底怡保岩洞庙宇的陆续出现与当地锡矿业的兴衰有何直接的关联？名人善士与岩洞庙宇的具体关系又是如何？怡保岩洞不同神祇的庙宇林立，与当地的族群结构有何关系？对当地族群互动又产生何种影响？这些课题的讨论，都值得期待。

学术成果需要积累，文化底蕴需要积淀，这本书就扮演了这个过程中的重要角色，负重致远。

序　三

拿督马汉顺医生

（马来西亚霹雳州行政议员暨霹雳州
非伊斯兰事务委员会主席）

霹雳州政府属下的非伊斯兰事务局，在2016年5月始，就委托拉曼大学中文系的师生，组成了一个研究调查团队，在马来西亚霹雳州怡保一带进行华人岩洞庙宇的调查和史料整理。

霹雳是位于马来半岛的一个州属，辖有近打、拉律、马登暨司南马、曼绒、吉辇、江沙、上霹雳、中霹雳、下霹雳、马登巴冷、慕亚林、峇眼拿督和金宝，总面积21006平方公里。根据马来西亚统计局所发布的人口报告，2016年，霹雳州人口有2499400人，占了全马人口的7.8%。该报告也显示霹雳州总人口中，华人占了28.6%。当中又以近打县的华裔比率最高，占了霹雳华人总人口的46.5%。霹雳州的首府是怡保，原属于近打县，1988年升格为市，也是一座以华人人口居多的城市；怡保因被山群围绕，故又有山城之称。

为什么要进行岩洞庙宇的调查？主要是在于怡保的地貌特点，不管是外地旅客或本地人都知道，来怡保除了吃芽菜鸡、买柚子、吃广式点心，还要走岩洞看庙宇。怡保的岩洞庙宇很多，一百多年来，地方上的自然岩洞，都成为佛教、道教等华人信仰的庙宇所在地。可是，范围不大的怡保辖区范围内，到底有多少座岩洞庙宇？一直到2016年上半年为止，都不曾有人做过完整或部分的调查。对于这一点，我们觉得非常可惜，因为这毕竟是一段历史历程，也是怡保的旅游资源，尤其2017年是霹雳旅游年，除了本地和外地的游客涌到大大小小的岩洞庙宇参观和拜拜，我们对这些庙宇，能不能有较全面的了解，甚至更进一步的认识？

我个人在这个位子上，经常都把这个问题搁在心里，希望能对怡保这一带非常有特色的岩洞庙宇，进行一个较全面的调查，以便在行政上、在推动旅游发展方面，甚至在推动本土学术研究方面，都能获得更好的结合。为此，特邀约同处在近打河谷地一带的拉曼大学金宝校区中文系的老师，由他们带领学生来进行一项开拓性的调查工作。

为了让这个初步的调查工作能在不受任何干扰的情况下顺利进行，计划开始初期，我们没有对外做任何的发布，州政府能做的，就是在研究经费方面给予资助。通过 2016 年的半年调查，我们才知道，原来不算很大的怡保范围内，现在竟然能找到 42 座依岩山来建的庙宇，尤其完全用天然的岩石洞穴来形成的华人庙宇，也有 35 座之多！这个数据是很惊人的，团队向我们报告调查结果的时候，我们都感到惊讶！2017 年年初，研究团队又传来了一个消息，他们又找到数间岩洞庙宇和毗邻岩洞的庙宇，这表示目前数量已达 49 座了。这个数据就算有遗漏——应该不会太多了，据说，调查的同学是开车绕着山看洞找庙的。

完成基本的调查后，我问拉大的研究团队：如果要挑选出几座有特色的，你们会挑选哪一些？经过讨论，决定进一步针对几座具有明确的文献与文物证明，并且成立于“二战”前的岩洞庙宇，来展开一轮较广泛的调查。

经过两个阶段的调查，最后我们收到的，是两本厚厚的且图文并茂的成果报告，我们觉得，这样的结果是以前没有做过的实地考察。以前的人没去做，到我们这一代，我们来做，至少留下一个较完整的调查数据。这样的成果，我们觉得应该要正式出版，让现在的人，甚至以后的人，都可以参考这些数据和史料。除了介绍霹雳州丰富的宗教和文化旅游外，我更希望以此可以展开更深入的学术研究。如果是社会大众，或者是游客，对怡保这么有地方特色的岩洞庙宇感兴趣，除了走走看看也想更深入了解的，也有一个参考的依据。

这本书最终由中国社会科学出版社出版。据悉，这是中国社会科学出版社第一次出版由马来西亚官方所资助的马来西亚本地学术调查成果。作为中国国家最高学术研究单位的旗舰出版社，愿意出版这个调查和研究成果，从而让我们这个最本土的调查研究工作，有了一个高端的国际性学术出版，这是对我们所委托和赞助的研究团队的最大肯定，尤其对霹雳州政府来说，这个赞助也是物有所值了。

马来西亚霹雳州地图*

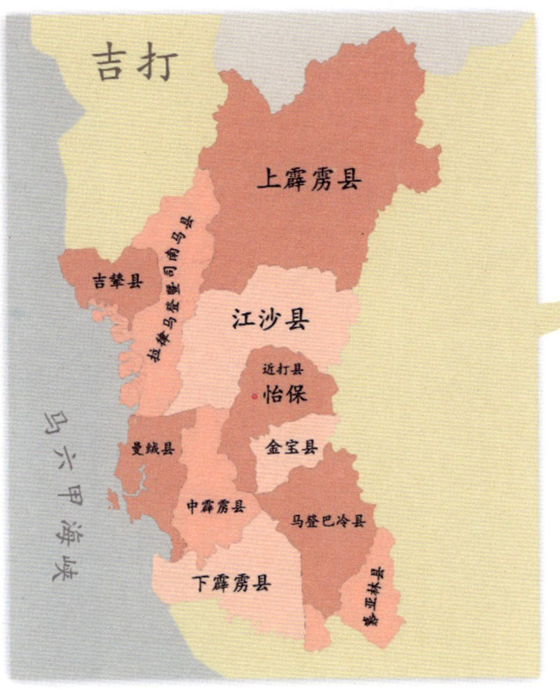

陈紫旋绘

* 此地图根据2016年霹雳州区划图而绘，下霹雳的峇眼拿督（Bagan Datuk）在2017年1月举行立县典礼。

目　录

List of Chapter

前　言

陈爱梅

这是一本集体研究的成果，（马来西亚）霹雳州非伊斯兰事务局是这项研究最重要的推手！

2016 年 4 月，我接到当时担任霹雳州非伊斯兰事务局事务官陈肇强老师的电话，表示拿督马汉顺医生——霹雳州行政议员兼非伊斯兰事务委员会主席，有意进行怡保岩洞庙宇的调查和研究。是夜，我拨电给刚完成怡保九皇爷庙研究论文的陈昭慧，问她有没有意愿接任助理的工作。教职绊身，我自知已无法像在马大跟着黄子坚教授就读研究所时全身投入田野调查。

我们邀请杜忠全老师和廖明威加入，很快地组成四人的研究团队。我们团队与拿督马汉顺医生为首的非伊斯兰事务局正式开了三次会议：第一次，他提出，怡保到底有多少间岩洞庙宇？第二次，选择数座有特色和代表性的庙宇进行更深入的研究；第三次，修改和出版成果。

遴选标准方面，我们选择有明确史料或文物证明成立于“二战”前的庙宇。本书庙宇的次序也依年代排列。研究团队尽力探访每一座庙宇，但难免有所纰漏，例如，从英国殖民档案中得知南龙古庙成立于 19 世纪末，霹雳民间文化工作者李永球先生也在报章发表介绍南龙古庙文物的短文。南龙古庙现已改名为怡保创古藏传禅修中心，研究团队多次探访不果，在本书截稿前，助理林诗萍及摄影师邓汶康有机会入内匆匆一瞥，但没有发现历史文物。严格意义的南龙古庙已不复存在，这段历史和变迁只好留予后人研究了。

我生长于华人传统民间信仰气氛浓厚的槟城美湖，祖父是村里的耆老，擅长于符咒、命理和堪舆之术。中学及大学时期，我参加槟华女中佛学会、檀香寺周日佛学班台大晨曦佛学社，对佛教，尤其是汉传佛教很熟悉。在马大完成硕士论文后，因缘际会，我接任了“槟城头条路斗母宫九皇大帝”特刊主编的工作，开始阅读《道藏》，后来在严家建道长的道教科仪团担任义务乐师，有机会进一步了解道教。由于硕、博的论文皆书写霹雳州华人的历史，所以对非伊斯兰事务局提出的霹雳怡保岩洞庙宇的研究非常感兴趣，也认为这是一项有意义和价值的研究工作。

怡保岩洞庙宇的资料丰富，所蕴含的历史和宗教文化意含深厚。在和研究小组讨论后，我们决议邀请开谛法师、严家建博士和谢志明老师等担任本书的学术评审员。开谛法师毕业于斯里兰卡凯拉尼亚大学，曾任马来西亚佛学院讲师，他所编著的《南游云水情》在教界深受好评。严家建博士在伦敦大学取得哲学博士学位，现为马来亚大学中文系高级讲师，他本身也是正一派的火居道士。谢志明老师受训于台湾大学历史学系，现为怡保育才独中副校长，因为热爱怡保这片土地，多年来除带领乡土历史的教学，也和霹雳古迹协会的刘锡康先生曾实地考察近打县各处古迹和庙宇。开谛法师主要负责评审佛教庙宇的论文；严家建博士负责道教庙宇的论文；而谢志明老师则负责评审所有的论文。

第一期和第二期的计划助理是陈昭慧和廖明威，他们也是本书的主要撰写者。在研究期间，他们居住在怡保，就近进行田调，我们平常只通过微信或“脸书”联络，他们每星期三需到拉曼大学（金宝校区）述职。因为人生另有规划，他们在第三期计划时已不居住在怡保。虽然如此，他们仍尽心尽力完成修改论文的工作。第三期的研究计划，我们邀请了霹雳的年轻人王敏仪和林诗萍，这两位拉曼大学中文系毕业的学生负责添补论文资料和其他文书工作，如汇整索引和中英对照表等。此外，在这一期，非伊斯兰事务局的邓汶康先生也加入了团队，负责摄影的工作。本书所有的照片，没有注明拍摄者的，全是邓汶康先生的作品。进入最后整理出版阶段的，全是霹雳人，甚至有怡保当地人。他们都表现出极大的投入感和热情，且具有超强的学习能力和责任感。我们希望这项研究能鼓励更多的年轻人关怀乡土，投入乡土的研究工作。

本书共有十篇论文，每一篇论文都有英文摘要。大部分的文字都是先由作者书写中文摘要，由陈文辉和潘怡洁负责英译。我们也邀请黄裕端博士担任所有英译摘要的审稿工作。黄裕端博士也是霹雳人，毕业于澳大利亚国立大学，是马来西亚华人历史研究学者，现为槟城研究院历史组主任。

一关又一关的难题和挑战！所幸我们得到大部分岩洞庙宇负责人的配合，还有霹雳州非伊斯兰局副主任钟燊庆先生和现任事务官庄庭亮老师的协助。张晓威院长为首的拉曼大学中华研究院也给予全力的支持。研究团队所有成员目标一致，秉持对历史研究的热忱和求真的态度，遵守学术伦理和规范，来完成这项研究计划。

我们和以拿督马汉顺医生为首的霹雳州非伊斯兰事务局这次的合作是愉快的，该局由始至终对学术研究表现出高度的尊重和不干预，甚至在人力不足的情况下调派人力支援，协助我们如期完成工作。学术的发展需要自由的土壤，我们珍惜研究资源上的支助，以及提供利于学术研究的环境。当然，我们也感谢拉曼大学对学术人员所制定的友善学术研究政策。

感谢陈志明教授和黄贤强博士百忙之中拔冗写序，不仅为本书内容提出宝贵的意见，也为马来西亚华人研究提供了前进的方向。后学不逮，唯有不断努力以报前辈提携之恩。同时，也感谢霹雳洞洞主张英杰先生挥毫题签，为本书增色不少。

这本书的责任编辑，中国社会科学出版社的宋燕鹏教授，我们亦师亦友，今年年初他到马和研究团队开会后，就一直在北京陪伴着大家，随时随地回答我们的各类问题和提供出版相关意见。最后需要说明的是，本书的书名“南洋华踪”乃由宋教授所建议。

感恩一切善因缘！大时代的变革促使许多人远离故国，漂洋过海到这里寻找生计，并将文化和信仰移置到南洋。活在堪称太平时代的我们，依史料将这大时代移置和生根的历史记录下来，同时记录当代人对岩洞庙宇的传说记忆，除了缅怀前人，也希望为后代留下以口述为主的传说故事遗产。

丁酉年大年初二凌晨于槟城美湖

Chapter 1: Report of Investigation of the Cave Temples in Ipoh, Perak

Tan Ai Boay

Definition:

Cave Temple: Whole or part of the temple is located within the cave.

Temple in the Cave's vicinity: The temple is located within the cave's surrounding areas.

Findings: The research has expounded on 39 Cave temples and 10 temples in the cave's vicinity.

第一篇

霹雳怡保岩洞庙宇调查报告

陈爱梅

释义：

1. 岩洞庙宇：庙宇建筑主体或部分主体依岩石洞穴的自然构造而形成的宗教场所。

2. 毗邻山脉或岩洞之庙宇：庙宇主体毗邻岩石山脉或岩洞，但没有建筑主体建立或依附在岩洞内。

研究方法和阶段性成果：

1. 陈昭慧和廖明威在 2016 年 6 月至 9 月，沿着怡保一带的岩石山脉进行寻访。这第一阶段的成果最为丰富，共有 36 座岩洞庙宇和 6 座毗邻山脉或岩洞之庙宇，总数 42 座庙宇列入名单内，其中 11 座只知其名，但不得其门而入。

2. 王敏仪、林诗萍和邓汶康等人在 2017 年 1 月至 2 月依着第一阶段的成果名单，填补遗留的空白，但仍有 1 座只知其名，不得进入。这时期发现了 3 座不在第一阶段名单内的岩洞庙宇和 4 座毗邻山脉或岩洞之庙宇，新发现的庙宇总数为 7 座。其中，包括在广福岩旁，有僧人住持的"拉蒙耶·旺萨·伟加耶塔"（Reamonnya Wongsa Wijaya Pagoda），这座缅甸庙宇在 2017 年 1 月开幕，所以研究团队将其归为独立的庙宇，不再附属于广福岩。截至 2017 年 2 月，研究团队所发现的岩洞庙宇和毗邻山脉或岩洞之庙宇分别见于表 1—1、表 1—2：

表 1—1　霹雳怡保岩洞庙宇（按汉语拼音排列）

编号	庙宇名称		主神	备注
	中文	马来/英文		
1	巴占法天宫仙洞	Tokong Wuat Tian Keong	法主公 张公圣君	
2	巴占大众花园山边观音信徒会	Persatuan Penganut Agama Tao Guan Yin Tokong Cina	观音菩萨	
3	白云寺	—	释迦牟尼佛	
4	般若岩	—	释迦牟尼佛	
5	慈云山	—	观音菩萨	
6	大乘岩佛寺	Tokong Da Seng Ngan	释迦牟尼佛	
7	怡保创古藏传禅修中心（前南龙古庙）	Thrangu Dharma Retreat Centre	弥勒菩萨	
8	德隆祈达维峇沙那暹庙	Wat Thumcitta Vipassana Temple	释迦牟尼佛	
9	敦珠新岩藏佛教中心	Dudjom New Treasure Buddhist Society	莲花生大士	
10	东华洞	Tung Wah Tong	玉皇大帝	
11	法喜寺	Dhamma Piti Meditation Monastery	释迦牟尼佛	
12	福昌宫	—	太上老君	
13	福侢洞	Wat Phuparattanawa rararm/ Fook Pu Tong/Cave of Happiness	释迦牟尼佛	
14	观音洞	Kwan Yin Cave Temple	释迦牟尼佛	
15	观音坛八仙洞	Goddess of Mercy and Eight Immortals Cave	观音菩萨	
16	观音紫明庵	Kuan Yin Chee Meng Aam	观音菩萨	
17	光炽岩	Persatuan Penganut Dharma Kong Chee Nguam	释迦牟尼佛	
18	广福岩	Kwong Fook Ngam/Kwong Fuk Ngam	释迦牟尼佛	
19	极乐洞	Kek Look Tong	华严三圣	
20	乐苑寺	Pertubuhan Meditasi Sukhavana/ Sukhavana Meditation Monastery	释迦牟尼佛	

续表

编号	庙宇名称		主神	备注
	中文	马来/英文		
21	莲花宫	—	张天师	
22	灵山妙圆禅寺	Pertubuhan Pertapaan Penganut Agama Buddha Meow Yuen	释迦牟尼佛	
23	灵仙岩	Ling Sen Tong	观音菩萨	
24	龙头岩	Loong Thow Ngam /Lung Thau Ngam	关圣帝君	
25	纱缘禅林	—	释迦牟尼佛	
26	明心殿	Persatuan Penganut Ming Xin Dian Tebing Tinggi	包拯大人	
27	南道岩	Nam Tou Ngam	太上老君	
28	南天洞	Nam Thean Tong	太上老君	
29	霹雳洞	Perak Tong	释迦牟尼佛	
30	三宝洞	Sam Poh Tong	释迦牟尼佛	
31	三教院观音庙	—	观音菩萨	
32	森山佛脚庙	Wat Putabatwanapup	释迦牟尼佛	
33	四面佛洞	Persatuan Penganut Erawan Shrine	四面佛	
34	送子观世音	Pertubuhan Penganut Dewi Song Zi Guan Shi Yin	南海观世音	
35	无极岩	Persatuan Penganut Moo Kek Ngam Ipoh	观音菩萨	
36	修持金刚精舍	Persatuan Penganut Dewa Jingang Jing She	莲花生大士	
37	云仙洞德教会紫霄阁	Persatuan Memperbaiki Akhlak Hoon Sean Tong, Che Seow Kor	李太白师尊	
38	真佛宗怡保雷藏寺	—	未知	多次寻访不果
39	紫竹六佛祖坛	Chee Chak Loke Fuat Chow	观音菩萨	

资料整合：王敏仪（截至 2017 年 2 月 28 日）。

表 1—2　　岩洞毗邻庙宇

编号	庙宇名称		主神	备注
	中文	马来/英文		
1	布塔尼密坛暹庙	Wat Puthanimittam	释迦牟尼佛	
2	打扪八仙坛	—	八仙	
3	拉蒙耶旺萨伟伽耶塔	Reamonnya Wongsa Wijaya Pagoda	释迦牟尼佛	
4	灵霄殿	Ling Xiao Dian	八仙	
5	蒙坤三宝庙	—	释迦牟尼佛	
6	弥陀道场	Pertubuhan Penganut Buddha Pureland Amitabha	阿弥陀佛	
7	盘古庙	Persatuan Penganut Agama Tao Poon Koo Khoong	盘古	
8	太上老君庙	Persatuan Penganut Dewa Tai Shang Lao Jun Ipoh, Perak	太上老君	未竣工
9	心意佛院	Persatuan Enlightened Heart Buddhist/Enlightened Heart Tibetan Buddhist Temple	释迦牟尼佛	
10	玉仙宫	—	释迦牟尼佛	

资料整合：王敏仪（截至 2017 年 2 月 28 日）。

Chapter 2: An Overview of the Historical Materials in the Chinese Temples of Perak, Malaysia

Tan Ai Boay

As historical evidence like archival documents and oral history is essential to the construction of history, the author has hereby compiled her research experience and findings on the Chinese temples of Perak. Generally, the author encountered two difficulties in the course of her research: firstly, the lack of readily available historical information owing to the lack of knowledge of the people in charge of the temples and secondly, the lack of documented evidence in substantiating the temples' various historical claims. While this paper does not exclude the importance of oral history, it seeks to emphasize on the importance of primary materials instead. Nevertheless, a brief regard shall be made to the origins of the Chinese temples in Perak.

Perak marked the first Malay state to have undergone British intervention in 1874 and the Pangkor Engagement signed in 1874, signaled a fresh watershed in Malaya's history. Little known however, the British similarly signed a separate Chinese Engagement in Pangkor on the 20 January 1874 to effectively curb in fighting among the factions of Chinese clans. As societies soon came under the comprehensive purview of the British government in Perak by virtue of the Societies' Act of 1895, various Chinese societies, including temples had appeared on official records.

This paper expounds on two types of primary sources. Firstly, British official records mainly the Perak Government Gazette (dating from 1895 to 1909) which contain information of more than 40 Chinese temples of that period is intensively used by the author to identify the original Chinese name of each registered temple and to ascertain the current existence of those temples. Secondly, Chinese epigraphical materials found in Wolfgang Franke and Chen Tieh Fan's volume entitled, "*Chinese Epigraphic Materials in Malaysia*", will be put by the author in conjunction with the new findings further into historical perspective.

In fact, based on recent fieldwork and research findings, there are a total of at least 24 Chinese temples founded in the Kinta District of Perak during the Qing dynasty. Hence, as compared to Wolfgang and Chen's exposition, at least seven fold more epigraphic materials have been discovered in the Kinta temples. Thus, the author strongly believes that more primary sources can be further unearthed through the conduct of further research and studies.

Nonetheless, it must be similarly highlighted that a massive amount of primary materials of these temples had been destroyed in the Second World War. Hence, with the limited sources available, the compilation of British records and Chinese epigraphic materials prove most valuable not only for the purposes of research but also in a conscious effort to raise awareness on the importance of such materials in making sense of the past to understand the present.

第二篇

霹雳庙宇史料概述

陈爱梅

前　　言

不重视史料，就没有历史的发言权。因此，从事马来西亚华人历史研究者，收集一手资料是有意义且迫切的事。庙宇可以说是华人群体在马来亚最早的组织之一，也是中华文化的重要载体。笔者从21世纪初自台返马至今，走访了不少庙宇。每当与庙宇负责人谈及庙宇的历史时，笔者常常遇到两种情形：一，对庙宇历史并不清楚；二，述说庙宇历史十分悠久，但却大多为口述历史，或缺乏史料支持。当然，口述历史也是新史学的研究方法。不过，口述历史套用在庙宇的历史研究上，往往需要其他的旁证方足以采信，尤其是有关百年以上的“听说”历史时，要成为学界接受的信史恐不容易。

霹雳庙宇研究所获得的关注，远不如槟城和马六甲庙宇研究所累积的成果来得丰富。虽然如此，霹雳的民间学人如李永球和刘一清等，都在报章和特刊发表了关于霹雳庙宇研究的成果；开谛法师以局内人编著的《南游云水情：佛教大德弘法星马记事》（上、下册）也具参考价值。近年来关注霹雳庙宇的还有拉曼大学的黄文斌。不过，他们主要使用中文资料进行写书。马来西亚华人的历史研究，主要可分为中文书写和英文书写，两者在材料的运用和书写的素材上各有倾向。[①] 至于用英文书写者，G. Sivapragam 在 2004 年出版的 *Heritage Asia* 中，以四页图文并茂的方式简介霹雳的岩洞庙宇，但并没有直接涉及史料的论证。[②] 英文书写马来西亚霹雳华人历史的学者有邱思妮（Khoo Salma Nasutioion）和 Abdul Razzaq Lubis，他们都是不谙中文的历史工作者。在 *Kinta Valley：Pioneering Malaysia's Modern Development* 中，他们运用了大量的英文官方史料建构霹雳州近打谷（Kinta Valley）的历史。与此同时，他们意识到中文史料的重要性，并仰赖谢志明和刘锡康等当地文史工作者收集中文铭刻，[③] 其中也包括近打县庙宇。

论及马来西亚的中文铭刻，不得不提傅吾康（Wolfgang Franke）和陈铁凡所合编的《马来西亚华文铭刻萃编》，这可谓马来西亚中文铭刻汇编集大成之著，可惜关于霹雳庙宇的碑刻，尚有许多空白待后人去填补。建立在前人研究的基础上，本文所谈论的中文史料主要是指庙宇的铭刻等一手资料。本文所指的英文史料，主要是指官方档案或文书。这篇论文谈论的庙宇史料，主要是从 19 世纪末至 20 世纪 10 年代，距离现在超过一百年的一手资料。

马来亚霹雳华人与庙宇[④]

庙宇是华人由落叶归根到落地生根的重要指标。马来亚华人的传统信仰是复杂的，从 1911 年至 2010 年，这一百年来官方对华人信仰使用不

---

① 相关论述，可见 Danny Wong Tze Ken，"Writing History of the Chinese in Malaysia：Bridging Two Languages Spheres"，in Cheah Boon Kheng（ed），*New Perspective and Research on Malaysian History*，Kuala Lumpur：Malaysian Branch of Royal Asiatic Society，2007，pp. 246—270.

② G. Sivapragam，"That Natural Heritage That Inspire"，*Heritage Asia*，Vol. 1 No. 3，March-May 2004，pp. 30—33. 感谢刘锡康先生提供这笔资料。

③ Khoo Salma Nasution & Abdul-Razzaq Lubis，*KintaValley：Pioneering Malaysia's Modern Development*，Perak：Perak Academy，2005，p. v.

④ 前言与本小节的部分内容，采自陈爱梅《马来西亚霹雳怡保岩洞庙宇二战前的历史文物调查》，"首届华人宗教国际学术研讨会：华人移民与宗教文化"，厦门：华侨大学，2016 年 10 月 29 日至 11 月 1 日。

同的名称,[1] 华人释儒道融合的信仰元素也反映在传统庙宇中。

霹雳州（Perak）位于马来半岛西海岸，马六甲王朝的后裔在16世纪在这里建立了霹雳苏丹王朝。根据荷兰文的记录，华人在17世纪中叶以前已在霹雳采购锡米。[2] 19世纪30年代，霹雳州出现首位华人甲必丹（Tan Ah Hun），霹雳出生的潮州人,[3] 这显示已有相当数量的华人居住在这里。19世纪中叶，锡苗的发现使华人大量涌入霹雳州。华人帮派之间的械斗、马来统治的夺嫡之争和海峡殖民地商人的陈情等因素，导致海峡殖民地政府决定干预霹雳事务。英殖民政府于1874年1月20日，分别与马来统治阶层和华人帮派领袖签署《邦咯协定》（*Pangkor Engagement*）（见附录2.1），开启了英国插手原属于马来统治者管辖之州属[4]事务的先河。

1877年，英殖民政府成立霹雳州议会（Perak State Council），华人领袖获邀进入州议会成为议员，建立了多元族群共治州属的体制。1883年，英殖民政府在霹雳太平设立华民护卫司，委派英国官员管理华人事务。1895年，在“社团法令”（Society Act）下，所有州内的组织或团体必须向有关单位注册，否则将被视为非法组织。从那个时候开始，华人的组织或团体才出现在《霹雳政府宪报》(*Perak Government Gazette*)，以及较后的《马来联邦政府宪报》(*Federated Malays States Government Gazette*）中。

19世纪末，霹雳州的华人人口增长快速，由1879年的20373人增加到1891年的94345人，增长了363.09%。在1891年，华人人口占据霹雳州人口总数44%。[5] 十年后，即1901年，华人人口数量超越马来人，成

---

① 相关论述可见陈爱梅《谁是佛教徒？佛教徒是谁？——马来西亚华人佛教信仰浅析》，《世界宗教文化》2015年第2期。

② Barbara Watson Andaya, *Perak The Adobe of Grace: A Study of an Eighteenth Century Malay State*, Kuala Lumpur: Oxford University Press, 1979, p. 44.

③ M. L. Wyenne, *Triad and Tabut*, *A Survey of the Origin and Diffusion of Chinese and Mohamedan Secret Societies in the Malay Peninsula*, *A. D.* 1800 – 1935, Singapore: Government Printing Office, 1941, p. 418.

④ 马来半岛共有九个州是有马来统治者，即：玻璃市、吉打、霹雳、雪兰莪、森美兰、彭亨、柔佛、登嘉楼和吉兰丹。

⑤ *Census of the State of Perak*, 1891, Taiping: Government Printing Office, 1892, p. 1.

为州内最大的族群。[1] 到了1911年，华人仍是州内最大的族群，马来人次之，印度人排行第三。[2] 随着华人移民的增加，庙宇林立于霹雳州各地。

社团法令在1895年实施的时候，共有32个团体的名字出现在《霹雳政府宪报》。[3] 在这些名单中，只有一个是非华人组织。在31个华人组织中，约有80%至90%是华人庙宇（表2—1）。早期的庙宇具籍贯特色，如客家人建立谭公庙和何仙姑庙等；观音则被各籍贯人士所接受，往往成为霹雳的社区庙宇。当然，在社团法令颁布之前，这些庙宇已经存在了。本文接下来先讨论出现在英国殖民政府宪报的华人庙宇。

英文政府宪报中的庙宇

如前文所述，英殖民政府在1895年颁布社团法令后，霹雳的社团组织和庙宇，就出现在政府宪报上。笔者整理了《霹雳政府宪报》（*Perak Government Gazette*）（1895—1909）和《马来联邦政府宪报》（*Federated Malay States Government Gazette*）（1910—1941），初步统计，"二战"前有六百余个各族群的组织，如庙宇、商会、善后社、会馆（乡团/乡会/同乡会）、政党（主要是国民党）和俱乐部等向霹雳州政府申请注册。这六百余笔的资料，主要是根据宪报的索引逐一整理。有关庙宇的记录主要见于《霹雳政府宪报》（1895—1909）。相较于《马来联邦政府宪报》（1909—1941），《霹雳政府宪报》所记录的庙宇历史年代更为久远，至今超过一个世纪了！因此，这里仅讨论《霹雳政府宪报》所记载的庙宇。

---

① G. H. Hare, *General Remarks on the Census*, *Federated Malay States*, 1901, p. 84.

② J. E. Nathan, *The Census of British Malaya: The Straits Settlements*, *Federated Malay States and Protected States of Johore*, *Kedah*, *Perlis*, *Kelantan*, *Trengganu and Brunei*, 1921, Waterloo, 1922, p. 149.

③ 数据来自 *Perak Government Gazette*, 1895.

表 2—1 **霹雳注册的庙宇（1895—1909）**

年份	庙宇		地点	申请者
	注册名称	中文名称		
1895	Yun Kan Miu		Ipoh	Su Leung Tsoi
	Pa Lo Ku Miu	坝罗古庙	Do.	Hung Tsing
	Nam To Ngan	南道岩	Cave in Ipoh	Lo Fuk①
	Sam Seng Kung	三圣宫	Ipoh	Chin Wong Tsoi
	Kun Yam Miu	观音庙	Tekah Menglembu	Ho Kam Hong
	Ho Sin Ku Miu	何仙姑庙	Do. do.	Kong Tsenk
	Nam Lung Ku Miu	南龙古庙	In a cave at Tanjong Rambutan	Chong Yat Shang
	Kun Yam Miu	观音庙	Tanjong Rambutan	Chung Tung
	Lit Seng Miu	列圣庙	Lahat	Li Pak Thong and two others
	Mo Pin Ku Miu	务边古庙	Gopeng	Kwong Li and others
	Wan Sin Tung	云仙洞？	Kampong Kapayang，Sungei Raia	Kung Sin Tak
	Kwong Fuk Ngam	广福岩	Do. do.	Lau Meng Yan
	Fuk Shan Ngam	福山岩？	Polai	Min yun
	Kwong Seng Ngan	广圣岩	Do.	Piet Cheng
	Ngam Tung Shan Kung		Kuala Dipang	Chow Pan and others
	Wong Lo Cho Sû Miu	黄老祖师庙	Tekah Sungei Raia	Fu Hap and others
	Sam Wong Ye	三王爷	Kampar	Leung Thim
	Ho Sin Ku	何仙姑	Do.	Kong Shek
	Kwan Sing Tai		Batu Gajah	Khew Kien Ng and eight others
	Sim Su Kung	巽师宫	Papan	Chan Pin
	Kun Yam Miu	观音庙	Do.	Lam Kam
	Tham Kung Miu	谭公庙	Tanjong Toh Allang	
	Ling Nam Min（Miu??）	岭南庙	Klian Pao	

① LoFuk 可能是卢善福，南道岩保有卢善福的肖像，他的神主牌则存于龙头岩。

续表

年份	庙宇		地点	申请者
	注册名称	中文名称		
	Ho Sin Kum Mi ［u］	何仙姑庙	Tupai	
	Sam Wong Ye	三王爷	Kamunting	
	Shing Wong Miu	城隍庙？	Tupai	
	Leng Sing Miu	灵仙庙	Tupai	
	Wing Loi Mi ［u］	永来庙	Tupai	
	Sim Lio Bio		Kota	
1896	Hok Sun Kiong (Hokkiense Temple)	福顺宫	Dension Road, Teluk Anson	
1896	Kwong Tung Mu Miu (Cantonese Temple)	广东古庙	Ah Chong Street, Teluk Anson	
1896	Tsin-Yen-Tan-Yen (Chinese Temple)		Bidor Road, near Tapah Town	
1896	Thai-Ting-Kung (Chinese Temple)		about a mile from Tapah	
1896	Tsan-Tsing-To-Yun (Chinese Temple)		Janka, about three miles from Tapah	
1896	Chong-Kit-Shin-Sz (Chinese Temple)		Tekah menglembu	
1897	Hsien Fung Kung (temple)	显封宫		
1897	Nam To Yin (Chinese temple)	南道院		
1897	Tham Kung Ye	谭公爷	Kampar	
1897	Ho-Tai Sin-Ku-Kiu	何大仙姑庙	Tronoh	
1899	Ming San Fut Tong (Temple)			
1900	La-tok Kung Kiong	拿督公宫	Parit Buntar	
1900	Seng-ku-bio	仙姑庙	Bagan Serai	
1901	Tai Pak Kung Mi ［u］	大伯公庙	Chemor	
1903	Kor-Boo temple		Tupai, Larut	

续表

年份	庙宇		地点	申请者
	注册名称	中文名称		
1903	Thai-Goan-Tong temple		Tupai，Larut	
1905	Kun Yam (Chinese Temple)	观音	Tanjong Toh Allang	
1906	Lung Thau Ngam	龙头岩		
1908	Sian Ko（Chinese temple)	仙姑	Bagan Serai	

资料来源：整合《霹雳政府宪报》(Perak Government Gazette)，1895—1909 年。①

表 2—1 所示是 1895 年至 1909 年《霹雳政府宪报》出现的华人庙宇，除了中文庙宇名称，其余的全按照宪报的记录整理。1895 年开始实行登记之初，《霹雳政府宪报》还有记录申请者的名字，可惜后来的就没有了。庙宇是以英文或拼音进行注册。为了确定中文的庙名，笔者在马大念研究所期间到霹雳各地去寻找，并且向当地人询问，可惜一些庙宇或已消失了，所以无法查证。例如，1896 年注册的 Tsin-Yen-Tan-Yen 和 Tsan-Tsing-To-Yun 等。政府宪报明确记载这些组织是华人庙宇，但其中文名称就不得而知了。1895 年注册的 Wan Sin Tung 和 Kwan Sing Tai 等的组织属性也不清楚。本文将其一并整理出来，期待后人或当地居民解开这些谜团了。

约一个世纪以前，霹雳怡保已有岩洞庙宇群，如南道岩（又名太上老君岩）、南龙古庙、广福岩、Fuk Shan Ngam（福山岩?）、南道院、广圣岩和龙头岩。南道岩、南道院（今为南天洞）、广福岩和龙头岩今日尚存。南龙古庙，已变成为怡保创古藏传禅修中心；广圣岩也搬迁到新村，并不属岩洞庙宇。至于 Fuk Shan Ngam 是何方岩洞庙宇，至今尚不得解。

英文的官方档案虽然留下一些疑团，却是庙宇研究的重要史料。不过，以中文书写的研究学者，一般倾向将研究集中在铭刻等中文材料。庙宇铭刻当然也是非常重要的一手史料。

① 1902 年的《霹雳政府宪报》资料不齐全。部分中文庙宇名称是由学术审查谢志明提供。

庙宇中的中文铭刻

傅吾康和陈铁凡合编的《马来西亚华文铭刻萃编》，可以说是非常有价值的中文碑文汇编。他们在当时各种客观条件不理想的状况下进行这项工作，实属可贵，这也为后来的历史研究开启了一股风潮。或因客观因素所限，他们所收录的霹雳庙宇的铭文并不多。比如怡保所在的近打县（包含金宝[①]）仅三座庙宇的铭文收录在《马来西亚华文铭刻萃编》（表2—2）：

表2—2 《马来西亚华文铭刻萃编》所收录的霹雳近打县庙宇铭文

地点	庙宇	主祀	最早文物/铭文的年份
怡保	水月宫	观音	光绪十六年冬月吉旦（1890/1891）
	坝罗古庙	大伯公	光绪甲午季秋吉旦（1894）
金宝	金宝古庙	观音	光绪三十年仲冬吉旦（1904/1905）

资料来源：整合傅吾康和陈铁凡合编《马来西亚华文铭刻萃编》（第三册），马来亚大学出版社1987年版，第971—1090页。

《马来西亚华文铭刻萃编》收录了霹雳州21座庙宇的铭文，其中的11座庙宇是在太平和甘文丁。近打县仅收录了三座庙宇的铭文，即金宝的金宝古庙（观音庙）、怡保的水月宫和坝罗古庙（表2—2）。以近打县为例，霹雳华人庙宇的铭文数量，远超过《马来西亚华文铭刻萃编》所收录之。

表2—3 霹雳州近打县清朝时期的庙宇铭文

（不含《马来西亚华文铭刻萃编》所收录之）

地点	庙宇	主祀	最早文物/铭文的年份
华都牙也	关帝古庙	关帝	光绪乙未年仲秋（1895）

① 金宝在2009年成为独立的县，不再隶属近打县。

续表

地点	庙宇	主祀	最早文物/铭文的年份
金宝	谭公庙	谭公	光绪戊戌年孟夏（1898）
	何大仙姑庙	何仙姑	光绪戊戌年仲冬（1898）
	太上老君庙	太上老君	光绪廿九年（1903）
	寿仙岩观音庙	观音	丁亥年仲冬（1887）①
	也南观音庙	观音	光绪三十三年岁次丁未（1907）
督亚冷	谭公庙	谭公	光绪三十三年孟秋（1907，农历七月）
瑞洛	何仙姑庙	何仙姑	光绪丁酉年仲冬（1897，农历十一月）
万里望	何仙姑古庙	何仙姑	光绪十七年辛卯孟冬（1891，农历十月）
	观音庙	观音	光绪戊戌年孟春（1898，农历一月）
	凤山寺	广泽尊王	光绪廿四年（1898）
甲板	观音古庙	观音	光绪○○（不清楚）
珠宝	观音古庙	观音	宣统二年（1910）
红毛丹	普济佛堂	观音	同治九年仲冬（1870）
	圣佛古庙	阮梁古佛	宣统三年岁次辛亥秋月（1911）
务边	务边古庙	观音	光绪十五年岁次己丑仲春（1889）
	黄老仙师古庙	黄老仙师	光绪辛卯季秋（1891）
怡保	南天洞（原名南道院）	太上老君	光绪二十五年己亥岁夏日吉（1899）
	广福岩	释迦牟尼佛	光绪庚寅（1890）
	南道岩（又名太上老君岩）	太上老君	光绪癸巳十九年（1893）
	龙头岩	关帝	光绪甲午年（1894）

资料来源：综合笔者从2008年至2011年的田野调查；刘一清《珠宝百年拓荒开埠史》，霹雳珠宝市区华人公产保管委员会，2007年，第182页；黄文斌《马来西亚金宝镇的寿仙岩观音庙与也南观音宫的历史探索》，发表于“首届华人宗教国际学术研讨会：华人移民与宗教文化”，于中国福建厦门华侨大学，2016年11月29日—12月1日；陈爱梅主持“怡保战前岩洞庙宇研究”报告，霹雳非伊斯兰事务局赞助，2016年12月。

① 根据黄文斌的推论，这个石碑捐款名录虽然没有注明光绪，但应是属于光绪丁亥年的文物，原因是石碑上刻有余广培（1853—1891）的名字，因此不可能是1947年的丁亥年。黄文斌《马来西亚金宝镇的寿仙岩观音庙与也南观音宫的历史探索》，发表于“首届华人宗教国际学术研讨会：华人移民与宗教文化”，于中国福建厦门华侨大学，2016年11月29日—12月1日，第6—7页。

表2—3仅收录了近打县保有清朝铭文的庙宇（不含《马来西亚华文铭刻萃编》所收录之）。调查发现，至少有21座庙宇间保有清朝时期的铭文而没有收录在《马来西亚华文铭刻萃编》中。目前从田调中所获之资料，霹雳最早的庙宇铭刻出现在近打县丹绒红毛丹（Tanjong Rambutan）的普济佛堂，普济佛堂里有个同治九年（1870）的云板（图2—1），由“清邑”的吴日所赠。不过，近打县在19世纪70年代还是个低开发之处，所以那个钟是否原属于普济佛堂还须其他资料佐证。

沐恩弟子
清邑吴日敬送
同治九年仲冬吉日
信昌炉造

图2—1　普济佛堂的云板（1870）（陈爱梅摄于2010年12月3日）

除了普济佛堂的云板，目前在近打县所发现的庙宇铭文，皆是在19世纪90年代及以后的。在清朝时代就建立的24座庙宇中（表2—2和表2—3），将观音供为主神的庙宇最多，共有9座庙宇供奉观音为主神，占据总数的37.5%。不过，现在主祀观音的金宝古庙，原本是否主祀观音就有不同说法。19世纪末，金宝三王爷和谭公庙（1897）（表2—1）向英政府注册。谭公庙见于今日之金宝，但三王爷庙已不知去向。陈爱梅在《霹雳州近打县百年观音庙及当代观音信仰调查》中表示，在1895年注册的金宝三王爷庙可能是已搬迁到双溪古月（Malim Nawar）镇上的三山国王庙。[①] 宋燕鹏在《20 世纪初马来亚霹雳州金宝地区广东社群的帮群结构——以金宝古庙为考察中心》中则表示，金宝古庙现在的配祀是三王爷，于 1895 年注册于金宝的三王爷庙可能被观音所取代，三王爷由主神变成配祀。金宝古庙跨越籍贯帮派，广为华人世界所接受的观音成了主神，成为整合和团结金宝华人的庙宇。[②] 宋燕鹏的这种说法，也是合理的。金宝古庙拥有全霹雳州最多及最华丽的楹联、匾额，最早的文物建造于光绪三十年（1904）。在这一年，金宝古庙进行重修或重建，通过庙宇匾额、楹联、香炉等捐赠的庙宇分布空间来看，这项重修重新划定了金宝广东社群的内部地位，[③] 观音也可能是在重修时被供为主神，三王爷则成为配祀。

主祀太上老君和何仙姑的庙宇数量同列第二，分别有 3 座庙宇供这两尊神明为主神。其余的庙宇有供奉谭公、大伯公、关帝、阮梁古佛、广泽尊王、黄老仙师和释迦牟尼佛为主神的庙宇。

小　结

这篇论文只是汇整庙宇成立的中英文史料记录，并无意否定口述历史在庙宇历史研究的重要性。庙宇的成立需要时间的积累，所以，人们一般相信在史料出现之前部分的庙宇已成立了。不过，史料是建立信史不可或缺的元素，因此，收集一手史料是历史研究最关键的一步。

目前所获得的田野调查资料显示，霹雳州最早的庙宇文物是存在红毛丹普济佛堂，刻在云板的“同治九年仲冬（1870）”的文物。不过，这个云板是否原属普济佛堂还需进一步的研究。

第二次世界大战摧毁了许多史料，尤其是华人组织如会馆/乡会/同乡

---

① 陈爱梅：《霹雳州近打县百年观音庙及当代观音信仰调查》，《亚洲文化》第 37 期，2013 年 8 月，第 117 页。后来，她列出论文中几个错置的年代，见陈爱梅《学术与错误》，《东方日报·八方论见》，2014 年 11 月 20 日。

② 宋燕鹏：《20 世纪初马来亚霹雳州金宝地区广东社群的帮群结构——以金宝古庙为考察中心》，《亚洲文化》第 40 期，2016 年 12 月，第 59 页。

③ 同上。

会。躲得过战火蹂躏的中文史料非常少。或是畏于神明，战前的许多庙宇铭文保存了下来，成为研究华人史极可贵的史料。马来西亚是个多元族群的社会，大量华人在英殖民时期迁移至此，因此，马来亚独立前的华人历史研究，包括庙宇在内，在史料运用上力求“二重”（即中文和英文），甚至“三重”（加上瓜夷文写的马来文）的证据法，以丰富历史的研究成果。

庙宇承载中华文化在海外的底蕴，是精英的领导场域，也是草根劳工的慰藉，更是华人在海外集体的故国记忆。不过，虽然源自中国，但庙宇和神明在这片土地上产生变化，使之更具本土性，这也是庙宇与社群研究的迷人之处。虽然如此，梳理和汇整一手史料是不可或缺及迫切的工作！

附录 2.1：英国殖民政府与华人帮派所签署的《邦咯协定》，1874 年 1 月 20 日。

ENGAGEMENT ENTERED INTO AT PANGKOR ISLAND BY THE HEADMEN OF CHINESE SECRET SOCIETIES FROM PERAK

Dated 20th January, 1874.

Whereas, differences have existed among the Chinese employed as miners and otherwise at Larut in the Kingdom of Perak, which differences have been referred to the decision of His Excellency the Governor of the Straits Settlements, and whereas, His Excellency the Governor has examined into the matter and has decided thereon as follows:

1st—That both the said contending parties shall be disarmed and the stockades destroyed.

2nd—That both shall be at liberty to return to their work at Larut.

3rd—That one or more Officers of the Government of the Straits Settlements together with two Chinese to be chosen for that purpose by the parties bounden in this Bond, shall be employed as Commissioners to settle all claims as to the mines occupied and business conducted by both the contending parties, their decision or the decision of a majority of them to be final.

4th—That all future arrangements as to the supply of water for the several mines shall be subject to the orders and regulations of the British Residents to be stationed in Perak and Larut, and their decision shall be final.

5th—That the Sultan of Perak shall be a party to this arrangement, and may exercise any function necessary in the Government of his country in Larut by an Officer to be deputed for that purpose by him, and whereas, the parties hereto have accepted the said decision and agreed to be bound by it under the penalty of this Bond;

Now these Present witness that the said parties, that is to say:

Wong Ah Chong	Yong Ah Ken
Chin Ah Yam	Lee Ah Fook
Tan Ah Quay	Li Ah Pow
Oh Kim Sin	Ho Ah Chew
Chiang Keng Bo	Mah Yet Hin
Lee Chim Foey	Khoo Ah Quay
Ang Kang Sin	Wong Yang Po
Ang Ah Kway	Kok Ah Man
Yong Ban Kyet	Lee Laye
Boo Ah Yen	Tan Ah Ug
Wong Teng Wai	Wung Sam Siew
Khoo Ah Chay	Wong Kim Yew
Leng Chap Siew	Foo Chee Hoey
Chang Kang Quee	

Headmen or undertakers of Tin mines or otherwise at Larut, do acknowledge themselves jointly as well as severally their and each of their Executors and Administrators, and any one or more of them their Executors and Administrators, to be bound to Her Majesty Queen Victoria of Great Britain and Ireland in the sum of Fifty Thousand Dollars, to be well and truly paid to Her said Majesty, Her Heirs, and Successors, at any one or more of the Treasuries of Her said Majesty, in the Colony of the Straits Settlements.

In witness whereof, they have hereunto set their hands and seals this 20th day of January, in the year of our Lord one thousand eight hundred and seventy-four.

Now the condition of this Bond is such, that if the parties hereto, for themselves and for those employed by and dependent on them at Larut and elsewhere, in the business of Tin mining and otherwise, do conduct their said business at Larut and elsewhere peaceablyand in accordance with Law, and do adhere to and as far as in their power cause those employed by and dependent on them to adhere to the terms of the arrangement above set out, and that this Bond may be put in suit on behalf of Her said Majesty, Her Heirs, and Successors, in the name of the Attorney-General of the Straits Settlements, in any of Her Majestey's Courts having jurisdictionin the said Settlements, then this Bond to be void and of no effect, otherwise to remain in full force.

Signed, Sealed, and Delivered, at Pulo Pangkor , in the British Possessions, this Twentieth day of January, in the year of OurLord, one thousand eight hundred and seventy-four, after having been explainedin the Chinese language by me.

(Twenty-six Signatures and Seals.)

(Signed) Chong Marcus, Chinese Interpreter.

In the presence of,

(Signed) W. A. Pickering, Witness.

(Signed) H. L. Randell, Witness.

资料来源：CO 273/17，第 212—213 页。

Chapter 3：Kwong Fook Ngam / Kwong Fuk Ngam

Liow Min Wei & Toh Teong Chuan

Kwong Fook Ngam /Kwong Fuk Ngam：The oldest limestone cave temple in Ipoh.

Existing data suggests that Kwong Fook Ngam is likely to be the oldest limestone cave temple in Ipoh. Located at Simpang Pulai， the temple was founded by Rev. *Wei Jia*（微嘉） in 1890， as a branch in Perak， which originated from the *Gushan*（鼓山） School of *Caodong*（曹洞） Lineage in Shouchang， Jiangxi Province. It marks the earliest presence of "the *Mei Feng*（梅峰） School" in Nanyang.

The important historical objects of the temple were acquired under Rev. *Wei Jia*'s period. This includes two sets of imperial ceremonial instruments during Qing Guangxu（光绪） period that can only be found in Kwong Fook Ngam cave temple. The temple also contains memorial tablets of each generation of Masters or Reverends which furnish precious information on the overseas genealogy of the "*Mei Feng* School". More importantly， the establishment of the temple marked Rev. *Wei Jia*（微嘉）'s pioneering effort to revive the *Mei Feng* Guangxiao Temple which has its roots in China. Based on the remaining historical objects， it is suggested that there was a glorious period of Kwong Fook Ngam in the years prior to the establishment of Sam Poh Tong. However， it gradually declined after the then Abbot， Rev. *Qingxin*（清心） shifted the focus to Sam Poh Tong instead. This coupled with the temple's own disadvantages， such as remote locality and the lack of human resources also attributed to its subsequent decline. This study also encompasses the research in Fujian Province to find out the linkages between Kwong Fook Ngam and *Mei Feng* Guangxiao Temple in China.

Despite the few visitors and oblations, it is the temple's natural scene of limestone that enable it to survive. Known as the "crystal cave", a limestone pathway behind the temple was excavated through *Qu De Fu*'s individual efforts between 15th June in 1990 to 8th April in 1993. The pathway is filled with various kinds of unique stalactites and stalagmite, and even shining and unshaped limestone crystals, which gave rise to its notable name, "Crystal Cave". Today, the "Crystal Cave" is a major tourist attraction.

第三篇

广福岩

——历史遗迹和自然景观

廖明威　杜忠全

基本简介

广福岩（Kwong Fook Ngam Buddhist Cave Temple）（图 3—1），位于新邦波赖，由龙岩法师于 1890 年初创，后由“梅峰重兴祖师”微嘉法师接手，也因后者的经营而更具寺庙规模。此岩洞寺庙与怡保著名的三宝洞一脉相传，后者便是由微嘉法师的徒弟清心法师所创。广福岩虽一度成为怡保区佛教梅峰法脉的重要寺院，也自此延伸出三宝洞，然随着三宝洞的开山与发展，广福岩的管理似逐渐转移为依附于后者，并在常住僧人凋零之后，交由三宝洞第二任住持宗鉴法师的俗家弟子李莲女士（皈依法名为达常）打理，此后不再有法师常住寺内，以迄今日。

1993 年，李莲女士的儿子屈德福先生接手打理之余，着手开通了广福岩的内洞。由于洞内奇石耸立，钟乳石、石笋等自然岩洞景观令人目不暇接，且部分石壁闪闪发光，宛如水晶，于是命名内洞为水晶洞。除却礼佛和参观历史遗迹，水晶洞也是游客到此必游的景点之一。

图 3—1　广福岩外观全景（2017 年 1 月 21 日摄）

位置简介

沿着务边路从怡保南下时，新邦波赖收费站南端 4 公里处，左侧会有广福岩（写为 KWONG FOOK NGAN）的路牌，广福岩便位于务边路旁不远处，拐进路口，即可见其矗立眼前。

广福岩寺结构简单，洞外近期依附并增建一缅佛庙，名为拉蒙耶・旺萨・伟加耶塔，是缅甸籍的僧侣在广福岩范围内增建的塔庙，工程尚在进行中。此外，洞外亦供奉拿督公、四面神等神像。

洞口有一牌楼，上题“梅峰”二字，清楚标示了该庙所属的梅峰法派系统。沿着洞外石阶拾级而上，便是广福岩的主要入口。进入洞口后首先看见一个沿石壁构成的厅房（图 3—2），外部供奉弥勒佛，内部则有铁闸门封锁，平日并不开放。厅房内正面供奉西方三圣、玉皇大帝和关公，主坛左侧供奉信众神主，右侧则摆放杂物。

图 3—2　底层厅房主坛（2016 年 12 月 25 日摄）

出了厅房以后右转则可见客房（图 3—3）。客堂上有一牌匾，是莆田林翰于 1908 年所书，上面记载了龙岩法师徒孙微嘉法师创寺的经过和年份（图 3—20）。客堂为接待客人之所，目前则是洞外正增建之缅甸塔庙的僧人休歇处。客房外墙挂有微嘉法师、清心法师、宗鉴法师、宗觉比丘尼、屈德福先生等人的照片。客堂旁则供奉观音菩萨像。

图 3—3　客房外观（2017 年 1 月 21 日摄）

沿着客堂附近的阶梯，便可抵达寺庙一楼，也是寺庙正殿的所在。正殿外放置一铸造于光绪乙未年（1895）的古钟，为住持微嘉法师所铸。正殿内正祀释迦牟尼佛，配祀准提菩萨、千手观音、伽蓝、韦陀、十八罗汉、四大天王、弥勒佛等。

正殿外一小房，是供奉梅峰法脉诸法师神主的地方，包括“曹洞正宗鼓山支派”第十四代到第十九代祖师的莲座，同时也供奉三宝洞诸法师神主（图3—4）。此处神主证明了广福岩的法脉由来及传承。

图3—4 广福岩神主（2017年1月21日摄）

“水晶洞”则位于正殿释迦牟尼像左侧，每一次参观皆需要收费十元。水晶洞内部也有供奉神像，如张飞大将军、观音菩萨（图3—6）、十八罗汉等。水晶洞是接手打理广福岩的屈德福居士用三年时间，凭借个人的毅力开通的自然岩洞通道（图3—7）。通道内充满各类奇异钟乳石、石笋，甚至有闪闪发亮、尚未成形的水晶岩壁，故名为“水晶洞”。目前，水晶洞内的主要通道都已经有日光灯照明，造型奇异的景象分别都有各自的命名，如龙、大象（图3—5）、白鹤等。游客也可携带广福岩提供的手电筒，欣赏未成形的水晶岩壁在黑暗中的美景。

图 3—5　水晶洞内的“大象”（2016 年 12 月 25 日摄）

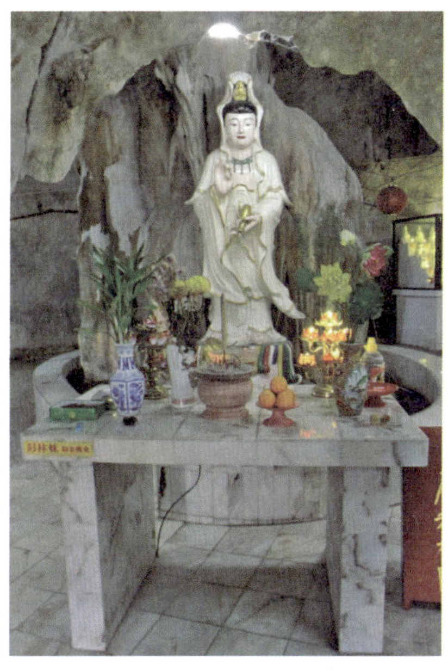

图 3—6　水晶洞内的“观世音菩萨”（2016 年 12 月 25 日摄）

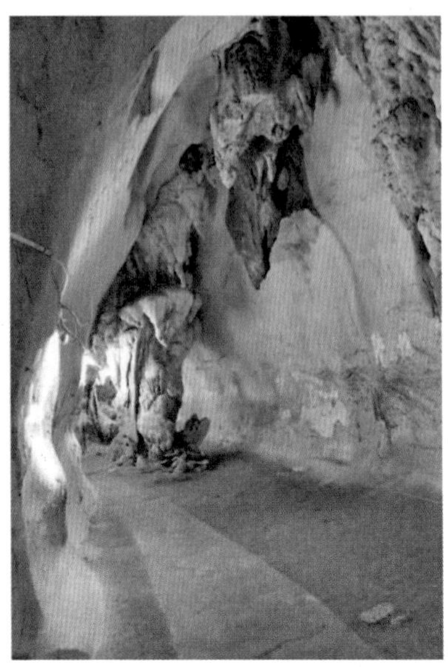

图 3—7　水晶洞内景观（2016 年 12 月 25 日摄）

庙宇简史

根据林翰记载，广福岩“剏于光绪庚寅”，即 1890 年。此岩由微嘉法师的师公，曹洞正宗第十六代祖师龙岩禅师发现并创建。按林翰所叙，当时的广福岩未具规模，仅由茅草石头简单堆砌而成，真正将广福岩修建得具寺庙规模的，还是微嘉法师。[①] 微嘉法师剃度出家后，参访四方，并返回福建鼓山涌泉寺祖庭受具足戒，后又受邀接管原籍莆田市的梅峰光孝寺，并且成为该寺的重兴祖师；返马接管广福岩之后，也积极建设广福岩（早期的广福岩建筑原貌见图 3—8），同时也在各地为弘扬佛教出力。[②]

① 林翰：《客堂》牌匾，写于戊申（1908）春日。

② 释开谛编：《南游云水情·佛教大德弘化星马记事（1888—2005）》，宝誉堂教育推广中心 2010 年版，第 130 页。

图 3—8　广福岩早期的木建构，大殿外尚挂有“登岩礼相”牌匾（开谛法师提供）

1895 年，《社团法令》实施那一年，霹雳州内有多座庙宇向政府注册，其中包括广福岩。广福岩当时的注册名字是“Kwong Fuk Ngam”，申请注册者是叫 Lau Meng Yan（图 3—9）。可惜的是，我们至今尚不知道 Lau Meng Yan 的身份。

Name of Temple.	Situation	Names of Petitioners.
Yun Kan Miu	Ipoh	Su Leung Tsoi.
Pa Lo Ku Miu	Do.	Hung Tsing.
Nam To Ngan	Cave in Ipoh	Lo Fuk.
Sam Seng Kung	Ipoh	Chin Wong Tsoi.
Kun Yam Miu	Tekah Menglembu	Ho Kam Hong.
Ho Sin Ku Miu	Do. do.	Kong Tsenk.
Nam Lung Ku Miu	In a cave at Tanjong Rambutan	Chong Yat Shang.
Kun Yam Miu	Tanjong Rambutan	Chung Tung.
Lit Seng Miu	Lahat	Li Pak Thong and two others.
Mo Pin Ku Miu	Gopeng	Kwong Li and others.
Wan Sin Tung	Kampong Kapayang, Sungei Raia	Kung Sin Tak.
Kwong Fuk Ngam	Do. do.	Lau Meng Yan.
Fuk Shan Ngam	Polai	Min Yun.
Kwong Seng Ngan	Do.	Piet Cheng.
Ngam Tung Shan Kung	Kuala Dipang	Chow Pan and others.
Wong Lo Cho Sû Miu	Tekah Sungei Raia	Fu Hap and others.
Sam Wong Ye	Kampar	Leung Thim.
Ho Sin Ku	Do.	Kong Shek.
Han Chan Pit Sui Club	49, Treacher Street, Ipoh	Leung Fi and Yan Tet Shin.
Kwan Sing Tai	Batu Gajah	Khew Kien Ng and eight others.
Sim Su Kung	Papan	Chan Pin.
Kun Yam Miu	Do.	Lam Kam.

11th November, 1895.

图 3—9　广福岩（Kwong Fuk Ngam）在 1895 年的注册

资料来源：《霹雳政府宪报》，1895 年，第 775 页。

1923 年冬，晚年的微嘉法师命时在新加坡玉皇殿任住持的弟子清心法师返回常住，接手管理该寺庙。在清心法师的主导下，广福岩在 1924 年到 1925 年间经历了重兴工程，焕然一新。

1927 年，清心法师和其挚友宏昌法师合作开发三宝洞。三宝洞开山之后，清心法师便率宗道、宗乘等弟子入住三宝洞经营开山事宜，广福岩则交由同门僧人继续打理。关于此段历史的记载并不多，根据目前打理该岩洞佛寺之张秀珍女士（珍姐）的记忆所及，广福岩后来由其外祖母李莲居士负责打理。[①] 据李莲女士神主，她法名达常，这与广福岩的其余僧人神主，如“菩萨戒比丘尼达兴”“菩萨戒比丘尼达意”等属同辈，然有在僧在俗之别。据此推断，李莲女士应是广福岩的俗家弟子，按微嘉法师之后曹洞宗寿昌派梅峰支派“心宗达贤”的字号排比，李莲的皈依法名属“达”字辈，为清“心”法师之下“宗”鉴法师的下一辈，故而应当是“宗”字辈法师的皈依弟子，而在广福岩的常住僧人凋零之后，该佛寺主要由李莲女士接管和打理。

李莲女士去世后，其子屈德福先生（莲和居士，法名达和）接管广福岩；按此，屈德福虽与李莲为母子，但在广福岩的字辈中，却属同一辈的在家皈依徒。1990 年 6 月 15 日，屈先生决定开辟广福岩正殿后方的岩洞，先是独自一人作业，后得电工汪英杰先生的发心协助，逢周休日则两人和其他义工协力作业，[②] 最终于 1993 年 4 月 8 日将内洞疏通，并为内洞加上照明灯，也将天然形成而造型各异的岩石题上形象化的标识，供人参观。

屈先生过世以后，便交由其外甥女张秀珍女士打理广福岩，直至今日。

---

① 受访者：张秀珍女士（1939 年生），访谈日期：2016 年 10 月 26 日。

② 受访者：汪英杰（1951 年生），访谈日期：2017 年 1 月 21 日。汪英杰，怡保新邦波赖人，居处临近广福岩，出外打工而返回家乡后，原为电工到广福岩修电拉电线，后见屈德福一人辛苦作业，便发心协助，而于星期日回到广福岩协同作业。

供奉神明

底层厅房

广福岩底层的厅房，外部供奉弥勒佛，厅房内正面供奉西方三圣、玉皇大帝和关公，主坛左侧供奉信众神主。

广福岩正殿

正殿内正祀释迦牟尼佛，唯该金身佛像属暹式，恐非早期文物。配祀准提菩萨、千手观音、伽蓝、韦陀、十八罗汉、四大天王、弥勒佛。佛像大多呈金色，造型肃穆。

水晶洞内部

水晶洞内部供奉张飞大将军、观音菩萨、十八罗汉等。洞内十八罗汉神像也开放让信众供养。

历任住持

江西曹洞宗寿昌派鼓山系梅峰法脉

广福岩的法脉源自福建莆田梅峰光孝寺，该法脉传承自江西寿昌曹洞宗的鼓山支派，演派偈为“慧元道大兴，法界一鼎新，通天兼彻地，耀古复腾今。今日禅宗振，宏开洞上传，正中妙挟指，虚融照独圆”（见图 3—10 的神主）。广福岩寺的开山祖龙岩法师，属该法脉的第十六代“耀”字辈。广福岩至今仍存十四代“彻”字辈锦云禅师、十五代“地”字辈心宽禅师的神主，并注明“曹洞正宗，鼓山支派”，此当是开山祖龙岩法师为自己法脉来源的上两代立莲位奉祀，也表明了该佛寺的法脉来源。

龙岩法师和常来法师

龙岩法师和常来法师是微嘉法师之前，广福岩寺最早期的两位住持僧人，唯后人对这两位始祖的事迹一无所知。按开谛法师的《南游云水情》

图 3—10 “曹洞正宗鼓山支派”神主（2017 年 1 月 21 日摄）

所载吉隆坡观音阁的《观音阁扩建碑记》，微嘉法师南来后，到广福岩亲近龙岩法师与常来法师，终依常来法师剃度出家，并自此出外云游参学，而成一代宗匠。

这一件事发生的年代不详，按莆田梅峰光孝寺于宣统二年（1910）朝廷为立碑所叙，微嘉法师披剃出家并返回祖庭鼓山圆戒与参学之余，更受邀接管莆田梅峰光孝寺，之后经筹措资金修建馆宇，而于“光绪庚子四月开设戒坛”[①]，故而微嘉法师接管并重兴梅峰光孝寺，当在 1900 年之前发生。按此年份上推其在原籍求戒、修学与接管梅峰寺、修葺殿宇等事迹，上推约十年，应在合理范围内，而此与微嘉法师着手整顿及修建广福岩寺庙建筑年份的 1890 年，大略接近。

按莲位木主，龙岩法师属梅峰法脉的第十六代“耀”字辈，上特注明“开山”（图 3—11），显见是广福岩的开山祖师，唯其年代不详。其下的第十七代常来法师则是“古”字辈。迄今对龙岩法师与常来法师的认识，仅及于他俩是广福岩的最初两位草创者。按莆田人氏林翰于戊申年（1908）为广福岩客堂落成所书匾，追述该佛寺之初建始于龙岩法师，“氏是踏遍天下，最后乃挟锡渡海，以是为净土而居之，然亦削茅伐石仅

① 福建莆田梅峰光孝寺“宣统贰年陆月日”碑文。

具形式而已”①，可见，龙岩法师是早期的南来僧，依岩山的天然洞穴修行，并就地取材，因陋就简地修建道场，是为草创时期的广福岩。这一时期的重要事件，即微嘉法师的前来亲近，依两位出家僧人学习佛法，奠下广福岩后来扩建为佛教岩洞道场的基础。

林翰所书的“客堂”匾，提及微嘉法师之所以修建广福岩，是为“以竟其师祖龙岩氏之志者也”②，也说明最初开辟广福岩的是龙岩法师。可惜的是，除了知晓龙岩法师和常来法师曾于广福岩居住、收徒，他们的来历，现只能从零星线索进行推断，如按微嘉法师在福建莆田重兴梅峰光孝寺之时，能以仙游枫亭会元寺寺僧的身份，携同逾 20 名僧人进驻光孝寺，以充实僧源及展开重兴大计，则应可由此推断其两位师祖，当自仙游枫亭会元寺南走，最终驻锡广福岩。此外，目前没有其他关于二位法师的相关资料。

开山/曹洞正宗第十六代比丘耀公字
龙岩莲座

图 3—11　龙岩法师神主（2017 年 1 月 21 日摄）

---

① 林翰：《客堂》牌匾，写于戊申（1908）春日。

② 同上。

微嘉法师

微嘉法师（？—1925）是龙岩法师与常来法师在广福岩所剃度的徒弟，按曹洞宗鼓山支派梅峰法脉，属于第十八代传人，师承常来法师，属“复”字辈，法名“复明”；微嘉法师俗姓吕，出家后，返鼓山祖庭求戒，得妙莲法师（1844—1907）赏识，收为法子[①]，按鼓山所传曹洞支派，属“耀”字辈[②]，并沿用其剃度法名，按辈分取名“耀明”。如此，“复”为微嘉法师剃度法脉的辈分，承龙岩法师与常来法师而来，“耀”则是微嘉法师接法系统的辈分，承妙莲法师而来。

有关微嘉法师生平的记载，目前所见不多，其中吉隆坡观音阁的《观音阁扩建碑记》[③] 所记如下：

> （微嘉）祖师系福建仙游慈孝里冬溪村吕氏子，幼年南来，亲近怡保广福岩龙岩和尚座下，十八岁时善根成熟，即礼龙岩弟子常来为师，立志参访四方，旋而不知其立处。至季二十，返祖国鼓山涌泉寺受具，为传戒和尚妙莲所器重，受以衣钵，付予心印。季廿四驾临莆田荔城，重兴梅峰光孝祖寺，一时宗风丕振，法雨普沾，朝宗皈拜者各自其来，时在祖寺求剃之出家弟子亦有百数十人，其后布衍祖国及东南亚各地，处处建法幢，在在兴道场，作无尽功德，度无量众生，到处不乏祖师之后裔，真乃一代宗匠也。[④]

据此可知，微嘉法师原籍福建仙游慈孝里冬溪村人，俗姓吕，年 18 岁拜广福岩常来法师为师。20 岁于鼓山涌泉寺受具，获妙莲法师传法。

---

① 此按《莆田梅峰光孝寺重建碑记》。为该文作者之一的杜忠全 2017 年 1 月 10 日于梅峰寺客堂所得，并获授予者告知，此文为该寺住持赴印尼一个梅峰寺海外廨院时所得，该文虽题“碑记”，但未得见其碑，而是自当地报章拍下的文章，返回梅峰寺后着人输入电脑以存为文档，惟未详作者及写作日期，故暂归为“来源不明”资料，特此志明。

② 按开谛法师所示法卷，妙莲法师为鼓山曹洞寿昌支派第四十五代，法名地华，属“地”字辈，则微嘉法师则为下一辈的“耀”字辈了。

③ 该寺为福建莆田梅峰光孝寺的海外廨院，允为马来西亚梅峰祖寺。

④ 《观音阁扩建碑记》，写于 1968 年 12 月 15 日，转引自《南游云水情·佛教大德弘化星马记事（1888—2005）》，第 131 页。

24 岁即接掌福建莆田市梅峰光孝寺（图 3—12），并主导该寺的重兴。广福岩现存造于光绪乙未年（1895）的古钟，上署名“广福岩住持僧微嘉敬献”[①]，证明当时微嘉法师已是广福岩住持。据《南游云水情》记载，其任光孝寺住持的年份是光绪二十五年（1899）[②]。也就是说，微嘉法师先是继任了广福岩住持，其后才到光孝寺担任住持和主导该寺重修。

微嘉法师与鼓山涌泉寺住持妙莲法师具师徒关系，并且深获其传法师父妙莲法师的器重。光绪二十年（1894），微嘉法师在鼓山开坛传戒，或因乃师妙莲法师的关系，而蒙光绪帝赐予“圣旨”“御驾”“钦命”“方丈”“肃静”“回避”等皇诰匾牌。光绪二十五年（1899），微嘉法师应邀接掌莆田梅峰光孝寺，其赴任便邀得妙莲法师同行，更因光绪帝赐皇诰大匾的一路随行，浩浩荡荡引人夹观，梅峰光孝寺的声势遂因而日隆。[③]

图 3—12　莆田市梅峰光孝寺（杜忠全摄于福建莆田梅峰光孝寺，2017 年 1 月 10 日）

① 广福岩“光绪乙未年佛诞日造”古钟。

② 释开谛编：《南游云水情续篇·佛教大德弘化星马记事（1888—2005）》，宝誉堂教育推广中心 2013 年版，第 188 页。

③ 杨美煊：《古囊名刹》，海潮摄影艺术出版社 1998 年版，第 223—224 页。

图 3—13 梅峰寺于 1991 年所铸云板
（杜忠全摄于福建莆田梅峰光孝寺，2017 年 1 月 10 日）

微嘉法师被推许为“梅峰重兴祖师”[①]，梅峰光孝寺后来重铸的云板，甚至以他为“开山祖”，如该寺挂在斋堂外，目前尚在使用中的一件 1982 年所造云板，便在其正面的左右边分别铸上“一九八二年；微嘉和尚立”的文字。（图 3—13）另一件隔一道门相距不远，在大雄宝殿左前的廊道旁悬挂的云板，除了正中一行“梅峰光孝寺”之外，左右边也铸上“大岁辛未年立春吉旦；开山祖微嘉和尚”。按辛未年为 1991 年[②]。按推测，前一件云板是该寺在十年浩劫中文物丧失殆尽之后，20 世纪 80 年代初恢复宗教场所之后重造，以为日常使用；后一件则当为该寺大事重修时，再行精工打造。这两件分别在八九十年代重造的云板，都铸上微嘉法师的名号，后者更强调其“开山祖”的地位，显见微嘉法师重兴之后，其影响及今，仍备受肯定。

---

① 《观音阁扩建碑记》，写于 1968 年 12 月 15 日，转载自《南游云水情·佛教大德弘化星马记事（1888—2005）》，第 131 页。

② 20 世纪的最后三个辛未年，分别是 1871 年、1931 年及 1991 年。三者之中，1871 年太早，未到微嘉法师接掌梅峰光孝寺的年代，1931 年已是微嘉身后，不可能为梅峰光孝寺铸造云板。脱开微嘉法师铸造云板的思路，则此“辛未年”当是 1991 年，即十年浩劫之后，该寺启动最新一轮的重建工程之后，再行铸造一件较精致的云板，同时强调该寺的“开山祖”为微嘉法师，以为不忘当年微嘉法师重兴之功。此辛未年为 1991 年，另一外证是，与梅峰光孝寺具有密切联系的仙游枫亭会元寺，也有一件完全一式的云板，材质与外形完全一样，铸造年份志以公元纪元的 1988 年，同样是十年浩劫后大事重修之时所造。梅峰光孝寺与枫亭会元寺的云板一式两件，是作者之一的杜忠全于 2017 年 1 月 8 日至 10 日一连三天赴福建莆田与仙游进行田野调查时所见。

杨美煊《古囊名刹》同样强调微嘉法师对梅峰光孝寺的复兴之功，并指出：

梅峰寺近代重兴大功，自然首推微嘉和尚，故以微嘉为重兴初祖，定下二十四字排行，作为梅峰一寺特有的徒裔袭传属字。①

该文所指的二十四字排行，按同属该法脉后人的开谛法师所提供其师资相承的演派用字，如下：

内字：腾今日禅　宗振宏开　洞上传正　中妙挟旨　虚融照独圆□□□

外号：心宗达贤，妙性文章，觉悟真理，成道弥坚，高山宝藏，证通圆明②

此是按原来的江西寿昌派演派偈自微嘉法师的“复”字之后再行断句所得，梅峰光孝寺现今的法脉延传，依然是微嘉法师当年重兴之后定下的法脉用字，广福岩及随后开山的三宝洞，也是按此沿袭。以是观之，微嘉法师重兴梅峰光孝寺之后，其演字徒裔依然在中国、马来西亚乃至新加坡、印尼等东南亚各地延传，其作为一代宗师的地位，迄今可说举足轻重。然而，关于微嘉法师的生平与行迹，传世资料非常有限，文献尤其付之阙如。前述吉隆坡观音阁的《观音阁扩建碑记》，提供了其早年行迹的大略轮廓。按该碑记，其幼年离开原籍福建仙游县南来英殖民地的马来亚，最初依仙游同乡的龙岩法师习佛，及年长之虚岁 18（下同）即依龙岩法师的弟子常来法师剃度出家，其后外出云游参学，踪迹不详，至年 20，便返回中国祖庭求戒，期间为妙莲法师慧眼所识，收为法子，并赐法名“耀明”，仍以微嘉为号。③ 妙莲法师之取名，呼应其原剃度法名“复明”，唯在辈分上跃升了两代，与其剃度师公同代，唯此为法派系统，剃派辈分仍然是“复”字辈未改。至年 24，即接掌莆田梅峰光孝寺。

① 杨美煊：《古囊名刹》，海潮摄影艺术出版社 1998 年版，第 223—224 页。

② 提供者开谛法师的剃度师父是“宏”字辈的文建法师，其师父则是曾任梅峰寺监院的“振”字辈性悟法师。

③ 此按同一法脉而下的一心法师法卷得知，此法卷信息为开谛法师所提供。

微嘉法师担任梅峰光孝寺方丈，如按杨美煊之《古囊名刹》，为1899年[1]，如按此推算，微嘉法师约于1876年出生，而于1893年于广福岩出家，1895年返福建祖庭受戒，四年后的1899年则接掌梅峰光孝寺。

无论如何，微嘉法师之接掌梅峰光孝寺之后，并于宣统二年（1910）向朝廷上奏赐碑于寺门内，碑文叙述其振兴光绪丁亥年毁于火之废寺之历程，及何以奏请朝廷立碑（图3—14），所述相当详细，兹录该碑全文如下：

赏戴花翎三品衔署理与化府正堂加十级纪录十次谢为

给示晓谕事：本年六月十日，据梅峰光孝禅寺方丈僧微嘉、监院僧宗福稟称，窃莆邑城西梅峰名胜，载于志乘。自宋元丰间李制幹舍地鼎建，绍兴间神佛化身，铸钟著灵，声闻百里，遂成名刹。丛林僧众，朝夕诵经，祝永圣寿，亦既数百年矣。洎乎道咸之间，寺粮渐遭弃灭，粥鼓钟鱼，归于幻渺。光绪丁亥，楚军驻寺，不戒于火，灵钟佛院，悉付祝融。古佛独存，僧徒星散，寺产告绝，山门尘封，邦人士乃有大煞风景之叹。嘉神前发誓，舍命出洋，募捐修建，福苦守废寺，无间晨昏，虔诚祝嘏，师徒西天东海，更番往远，必求光复佛天，香火振作，祝釐经坛，以达其目的。幸而天子声灵，神明默助，所募缘金，陆续携回，重新建造。凡山门大殿，客堂禅室，焕然聿新，若如来罗汉、护法伽蓝，靡不金碧辉煌，装修安善。光绪庚子四月，开设戒坛，蒙前府宪陈、前邑王吕出示保护。是日官绅临观，极蒙奖励，益复感奋。因念僧多粥稀，未能安饱，虽辟谷乐饥，修行常性，终恐斋粮不继，有初鲜终。无奈不辞艰险，仍复冲波破浪，奔驰万里，苦募多年，专心致力，曾无一日安闲。乃承外洋喜拾，所募缘金，得以回莆，购置后塘等处园地，以及寺后隙地，种植龙眼果树数百株，需雇二人研究林艺，加料培养，蔚然足观。约计再度十年，结成良果，采摘、加工、出售，久持寺粮，崇奉法座，予以光大道场群。祝至尊景福，庶几乎无愧光天化日之下，为食毛践土之一分子也。第莆阳绅商学界，宰官善信，互重名誉，无一不乐为护持。所恐

---

① 按《莆田梅峰光孝寺重建碑记》一文，亦谓该年（1899）为微嘉法师接掌梅峰光孝寺的年份。

时移景迁，习流波靡，中流社会，意外生心。若以寺产公业，借以移充公益为词，借重压力，縿夺见成之利，则破坏圣迹，辜负苦心，瓦砾冲途，荆榛碍道，盛衰变幻，魔障难消，不亦大可哀乎？理合先事禀明，恳乞准给碑记，以便刊石而垂永久。他日设有风潮，即以此碑为山门铁券等情。据此除批示，并由寺勒碑，外合行示，谕为此示，仰阖郡绅商学界军民诸色人等知悉。尔等须知梅峰寺为莆阳名胜之区，荒废多年，失于修理该僧微嘉，不辞劳瘁，跋涉外洋，募缘重建，寺宇焕然一新，并购置园地以及寺后，种植果树杂木，上供香火，下瞻斋粮，俱系远方捐助，并非本地募缘，务宜共相保护，所有绅商学界，多系乐善好施，不准贪利之辈觊觎寺业，蒙请移充公益。如有无赖之徒借端滋扰，许即禀官究辨，各宜懔遵毋违，切切。特示。

宣统贰年陆月日给①

图 3—14 宣统皇帝御赐禁令碑（杜忠全摄于福建莆田梅峰光孝寺，2017 年 1 月 10 日）

① 梅峰光孝寺《宣统皇帝御制禁令碑》，录文者：王敏仪。

按此碑文，微嘉法师接掌火后尽毁的梅峰光孝寺，是来南洋募款归寺，再推动重建工程，将山门、大殿、客堂、禅堂等建筑都修建一新。并于光绪庚子年（1900）启建戒坛。启建戒坛需提供戒师与戒子说戒法坛与挂单及膳食，得具备一定的硬体空间与经济条件，梅峰光孝寺在重兴之后能办此戒会，可见条件不差，足以证明微嘉法师在募款及修庙、安僧等方面，都展现了绝佳的能力与魄力。顾及后人住此道场得安心办道而不受米粮不济所恼，微嘉法师另外赴外洋筹募款项，为该寺购置田地，以种植经济作物，以为道场收入，而不需日常为僧众的温饱问题而费心张罗。此朝廷碑文之立，是为了在20世纪前半期，也即是清末民初时期中国兴起的庙产兴学运动中，保护寺产免遭地方官绅以兴办学堂之名行侵占庙产之实。[①] 微嘉法师重建废寺，安僧办道之余也为后人谋，而在时代风潮中费尽思量采取保护寺产的措施，其对佛教与住僧之用心，具见诸事实。至今百余年，梅峰光孝寺又历经多次的兴废，惟对微嘉法师在近代重兴该寺之功，依然推重不废，此自有其缘由。

微嘉法师自接掌梅峰光孝寺，直至朝廷立碑之1910年，至少历经十余年，按上述的碑文，其应当是多次往返福建莆田与东南亚，以海外募资为梅峰光孝寺之经济后援。此期间，微嘉法师继承龙岩法师及常来法师，成为广福岩的第三代住持，并且是将该岩洞佛寺修建出具一定建筑规模的佛教寺庙之关键性人物。因此，广福岩祖堂所供奉的历代祖师莲位，也在微嘉法师的木主特予标明“开山莲位”。此“开山”当如梅峰寺视其为“开山祖”一样，虽然并非作为寺庙初创之一人，却在该道场存废之间扮演着关键性的角色，如非微嘉法师，梅峰光孝寺或就废弃消失，更不能如海外梅峰法脉徒裔视为祖庭的事实了。此外，按梅峰寺现存之微嘉法师所铸铜钟，其所志铸造年份为大岁戊午年，此为1918年，则至迟到1918年，微嘉法师尚为梅峰光孝寺住持（图3—15）。

---

① 有关近代史中第一波庙产兴学风潮对佛教的影响，可参邓子美《传统佛教与中国现代化——百年文化冲撞与交流》，华东师范大学出版社1994年版，第105—112页。

图 3—15　梅峰光孝寺之微嘉法师所铸钟（杜忠全摄于福建莆田梅峰光孝寺，2017 年 1 月 10 日）

广福岩最初开山，应是龙岩法师，然微嘉法师建庙安僧的魄力，即表现在梅峰光孝寺，应也体现在广福岩。此外，微嘉法师在梅峰光孝寺之"开山"，也跟他重兴之后演字传承有关，微嘉法师之后，梅峰寺之师资相称，都按他立下的二十四字传法字辈延续，而在广福岩乃至三宝洞，这也是传承至今的事实。

微嘉法师的弟子众多[①]，除了梅峰光孝寺，也分布在马来亚半岛、新加坡、印尼等东南亚诸国，梅峰光孝寺的海外廨院达到一定的数量，进而能长期支持梅峰祖庭的各种建设与发展。[②] 按 1906 年槟城鹤山极

① 按《莆田梅峰光孝寺重建碑记》，微嘉法师共有心字辈弟子 53 人。

② 释开谛编《南游云水情续篇 · 佛教大德弘化星马记事（1888—2005）》，槟城宝誉堂教育推广中心 2013 年版，第 188 页。

乐寺的功德碑，作为捐款人的微嘉法师，其身份是霹雳太平凤山寺住持，[①] 当时的鹤山极乐寺住持，尚是微嘉法师的法师父妙莲和尚，而太平凤山寺至今尚任供奉着包括微嘉法师在内之曹洞宗法脉历代祖师（图 3—16）。

图 3—16　太平凤山寺的历代祖师牌位，微嘉法师是其中之一
（陈爱梅摄于霹雳太平凤山寺，2017 年 1 月 25 日）

微嘉法师圆寂于民国十四年（1925）七月十二日[②]，据于凌波的《清心法师传》，1923 年冬，微嘉法师曾要求徒弟清心法师返回广福岩接管寺务[③]，此当为微嘉法师晚年安排弟子接班打理广福岩寺之合理年份。至此，便再无更多关于微嘉法师事迹的记载（图 3—17）。

---

① 傅吾康、陈铁凡：《马来西亚华文铭刻萃编》，马来亚大学出版社 1985 年版，第 655 页。

② 此按《莆田梅峰光孝寺重建碑记》。

③ 以上参考于凌波《清心法师传》，转引自开谛法师编著《南游云水情・佛教大德弘化星马记事（1888—2005）》，槟城宝誉堂教育推广中心 2010 年版，第 135 页。

图 3—17　微嘉法师像（2016 年 12 月 25 日翻拍）

清心法师和观心法师

清心法师，生于 1882 年，卒于 1963 年，俗姓黎，原籍中国广西省桂平县人。出家后法名清心，字腾廉，是寿昌法脉第十九代腾字辈传人。清心法师幼年在原乡，即对人生有着诸多思考，直到接触佛法，才对自己的疑惑有所疏解。成年后的清心法师，与同乡人一起到槟榔屿谋生，至年 35 岁，投入怡保广福岩，依微嘉法师剃度，经两年的随师修学，便奉师命返中国福建鼓山涌泉寺祖庭巡礼，随后于 1918 年在乃师微嘉法师重兴的莆田梅峰光孝寺受大戒。圆戒后，清心法师继续留在戒常住修学数年，过后行脚各地，遍访普陀山、九华山等名山古刹。①

清心法师返回马来亚后，先后协助吉隆坡灵山寺、新加坡芽笼天济寺

① 以上参考于凌波《清心法师传》，转引自开谛法师编著《南游云水情・佛教大德弘化星马记事（1888—2005）》，槟城宝誉堂教育推广中心 2010 年版，第 134 页。

建寺，1922 年又担任玉皇殿住持，直到 1923 年因乃师微嘉法师之命，才返回剃度常住接手管理剃度道场的广福岩寺。返回怡保之后，清心法师除了再行修葺广福岩，也先后协助怡保市区乃至吉隆坡的佛教道场修葺建筑，更一度赴缅甸仰光朝礼大金塔等佛教圣迹，唯其大部分的时间，依然留在广福岩。[①]

估计 1926 年，清心法师率领徒弟宗道、宗乘、宗绕等人，亲历亲为地将一个怡保市郊的天然岩洞开辟为正式的佛教道场，也就是后来的三宝洞。经过十多年的工程，三宝洞落成，并且名声渐响，清心法师此后便在该处驻锡，直到 1963 年圆寂为止（图 3—18）。

图 3—18　清心法师像（2016 年 12 月 25 日翻拍）

观心法师与清心法师同为梅峰法脉“腾”字辈的师兄弟，字腾性，号观心。按广福岩祖堂所供奉的莲位，观心法师在法脉上序列微嘉法师之

① 以上参考于凌波《清心法师传》，转引自开谛法师编著《南游云水情·佛教大德弘化星马记事（1888—2005）》，槟城宝誉堂教育推广中心 2010 年版，第 134 页。

后的第十九代。按此，观心法师与清心法师之间，究竟谁是微嘉法师之后，继任广福岩的住持者，目前颇成困惑。作为同辈师兄弟，清心法师的莲位上书“三宝洞开山第一代”，而观心法师的则书明“第十九代腾性字观心梅峰传戒老和尚”，此与广福岩之“第拾捌代比丘复公字微嘉一位开山莲位”对比，二者显然具有先后传承关系，也透露了观心法师曾回到莆田梅峰光孝寺启建戒坛，成为某一届戒会之得戒和尚。无论如何，这尚未进一步核实。然而，微嘉与清心、观心法师具有剃度法脉关系，是可以确定的，清心法师尤其是在广福岩礼微嘉法师为师而落发出家，也按师嘱自新加坡返回剃度道场接管寺务，另接极乐寺本忠法师的鼓山法脉，与微嘉的法派另成脉络，然在佛教的法派方面，则与剃派不相冲突而另成系统，也是教界常态。观心法师之第十九代，是否意味与微嘉法师之间另具备一层法派关系，目前尚缺确切的证明材料，仅能留待来日再行查证。无论如何，清心法师与观心法师分属微嘉法师下一代的同辈师兄弟，两人皆曾在广福岩担任要职则当可肯定。

宗鉴法师

广福岩寺的僧人系统，在微嘉法师之后，有清心法师另在三宝洞开山，也有同辈师兄弟的观心法师。再下一辈，则有三宝洞的第二代住持宗鉴法师的莲位，也有另一位同辈的宗觉比丘尼的莲位，二者皆有挂像在客堂。宗鉴法师继任三宝洞的住持，在三宝洞活动，同时也兼管广福岩，惟并未常住于此。至于宗觉比丘尼的角色，则未能获得更多的资料，目前只能推断，宗鉴法师的时代开始，因三宝洞作为旅游胜地名声响亮，较偏远的广福岩相对沉寂，常住僧人日渐减少，三宝洞的住持僧对此施行兼管，宗觉法师应是实际住寺处理寺日常事务者。

会庆法师

会庆法师（1951—　）是三宝洞的第三代住持，同时也是广福岩的现任住持，唯法师常住三宝洞，怡保南郊的广福岩寺，则托交住寺的张秀珍女士代为处理日常事务。

文物概况

西方三圣像

此处供奉的西方三圣佛像，高一尺余，呈褐铜色，隐约有金属光泽，实际上却是木质的神像。佛像衣服纹理、头冠饰物，均栩栩如生（图 3—19）。据张秀珍女士透露，她曾询问香港的雕刻师是否可能重制类似的雕像，却得知除了雕工无法再现，造价亦十分惊人。据珍姐的回忆，佛像自创寺以来便已存在，很可能是广福岩鼎盛时期遗留下来的珍贵文物。[①]

图 3—19 其中一尊雕塑精致的西方三圣像（陈爱梅摄于 2016 年 10 月 26 日）

林翰客房牌匾（1908）

广福岩“客堂”上悬挂一有百年历史的牌匾（图 3—20），为莆田林翰所书，上面写着关于广福岩创立的简史，是广福岩历史的重要文献。牌匾及原文如下：

客堂

此岩刱于光绪庚寅越十年而/客堂乃成盖微嘉和尚以竟其/师祖　龙岩氏之志者也氏足迹/遍天下最后乃挟锡渡海以是/为净土而居之然只削茅伐石/仅具形式而已　微嘉和尚继之/梵宇乃大而此堂只以一舟修葺/愈臻完美释氏诫旨曰尽形/寿不坐广厦大床　龙岩祖孙之/汲汲营此○仅以自供者○于/

① 受访者：张秀珍女士，访谈日期：2016 年 10 月 26 日。

尽形寿之旨何背乎/戊申春日莆田林翰识并书

图 3—20　客堂牌匾（2016 年 12 月 25 日摄）

古钟（1895）

广福岩正殿外放置一古钟（图 3—21），原色已剥落不堪，现今淡黄

图 3—21（1）　正殿外古钟（正面）
（2017 年 1 月 21 日摄）

图 3—21（2）　正殿外古钟（背面）
（2017 年 1 月 21 日摄）

色的外身应是重新粉刷所致。此钟是广福岩年代最久远的文物，可证明微嘉法师担任住持的年份，至少是在1895年或以前。钟上铭文如下：

光绪乙未年/佛诞日造/广福岩住持/僧微嘉敬献/铸匠人开张福省/莲宅林光焕造

牌匾（1907）

广福岩底层厅房杂物区置放一“登岩礼相”牌匾（图3—22），制于光绪丁未年（1907），原为早期广福岩山门入口的牌匾。目前牌匾已有些微破损，某些字已剥落（图3—23）。匾额原文如下：

光绪丁未年腊（月）吉旦/登/岩/礼/相/（梅）峰光孝寺方丈兼本岩住持微嘉立

图3—22 研究团队正在拭去牌匾上的积尘，左为拍摄者杜忠全，右抹拭者为林诗萍，中为陈爱梅（2017年1月21日摄）

图 3—23　藏于底层厅房的老旧牌匾（2017 年 1 月 21 日摄）

仪仗（光绪癸卯，1903）

广福岩大殿存放两组“光绪癸卯年”“福建同安周水蕴敬奉”的仪仗（图 3—24 和图 3—29）。执事牌分别刻上“肃静”“回避”“广福岩”和“观音佛祖”（图 3—25 至图 3—28）。另一组仪仗则分别为拳头、斧头、铁锤和龙头。左右两旁总 16 支仪仗，尤其是木板边缘多处已腐朽，亟须维护。

图 3—24　正殿内执事牌（陈爱梅摄于 2006 年 2 月 28 日）

广福岩执事牌文图对照表

图 3—25 肃静执事牌
（2017 年 2 月 11 日摄）

肃静/光绪癸卯年

图 3—26 回避执事牌
（2017 年 2 月 11 日摄）

回避/光绪癸卯年

图 3—27 广福岩执事牌
（2017 年 2 月 11 日摄）

广福岩/光绪癸卯年

图 3—28 观音佛祖执事牌
（2017 年 2 月 11 日摄）

观音佛祖/光绪癸卯年

拳头、斧头、铁锤及龙头仪仗

图 3—29　正殿内仪仗（陈爱梅摄于 2006 年 2 月 28 日）

福建同安周水蕴敬奉

神　　主①

广福岩安置神主的小房内，供奉“曹洞正宗鼓山支派”的各宗师神主（图 3—30），其中也包括三宝洞开山祖师清心老和尚的神主。神主排列方式和内容全文收录如下：

1）最上排

Ⅰ. 曹洞正宗 鼓山支派西天东土历代祖师菩萨

第十四代彻公字锦云禅师、第十五代地公字心宽禅师

① 广福岩神主由王敏仪负责整理。

（慧元道大兴，法界一鼎新，通天兼彻地，耀古复腾今。今日禅宗振，宏开洞上传，正中妙挟指，虚融照独圆）

Ⅱ. 开山曹洞第十六代比丘耀公字龙严莲位

Ⅲ. 曹洞正宗第拾捌代比丘复公字微嘉一位开山莲座（孝徒存心〇心慈心观心本心普心恒心尽心发心智新仝奉祀）

Ⅳ. 曹洞正宗第拾柒代比丘古公字常来一位觉灵莲座（阳孝徒微嘉偕孝眷等奉祀）

2）中排

Ⅰ. 曹洞正宗三宝堂上圆寂菩萨比丘宗鉴起愿大师莲位

Ⅱ. 曹洞正宗护持开山三宝洞令了字宗道禅师莲位

Ⅲ. 曹洞正宗护持开山三宝洞令篆字宗乘禅师莲位

Ⅳ. 曹洞正宗三宝洞开山第一代腾廉字清心老和尚莲座

Ⅴ. 曹洞正宗护持开山三宝洞令纯字宗绕禅师莲位

Ⅵ. 曹洞正宗第十九代腾性字观心梅峰传戒老和尚莲座

3）底排

Ⅰ. 曹洞正宗第二十二代娑弥字贤合莲座

Ⅱ. 圆寂菩萨比丘尼宗觉位

Ⅲ. 圆寂菩萨比丘尼宗强莲位

Ⅳ. 显妣屈门李莲（达常）之正魂神位

Ⅴ. （达和）广东番禺屈公德福之灵位

4）香炉前木牌

Ⅰ. （木牌上）—圆寂菩萨戒比丘存心禅师位、菩萨戒比丘德心禅师位、圆寂菩萨戒比丘本心禅师位、菩萨戒比丘贤本禅师位、菩萨戒比丘莲聪禅师位、菩萨戒比丘宗仁禅师位、圆寂沙弥戒达顺师之莲位、行人妙悟大师位

Ⅱ. （木牌下）圆寂菩萨比丘尼达意莲位、圆寂菩萨比丘尼达兴莲位、优婆夷（法名）宗烬罗氏莲位

图 3—30　广福岩供奉的历代法师莲位（2017 年 1 月 21 日摄）

管理制度和庆诞

广福岩目前虽无常住僧人，却维持信理员制度，并与三宝洞属同一信理委员会管理，三宝洞第三代现任住持会庆法师，也是该寺的当然信理员之一，同时是信理部的僧人代表。无论如何，自广福岩常驻僧人人数渐少以来，日常代为处理庙宇事务的，主要是宗鉴法师在家弟子的李莲居士及其后代。

李莲女士，法名达常，祖籍广东番禺，应是广福岩的俗家弟子。其生卒年不详，相关事迹也已无从考证，按其皈依法名之“达”字辈，应是宗鉴法师的下一辈在家弟子。据会庆法师所叙，在宗鉴法师管理三宝洞的后期，李莲居士原在三宝洞负责斋堂事务，广福岩事务则交由常住比丘尼宗觉尼师与一印裔女居士协同处理，直到宗觉尼师去世，才安排李莲居士迁住广福岩，开始代管广福岩寺的日常事务。

李莲女士过世以后，广福岩便交由其养子屈德福先生（图3—31）接手。屈德福先生号莲合居士，其神主上则另有法名“达和”。其生卒年和事迹多不可考，但他在广福岩的发展上有重要的贡献（图3—32）。他凭借过人毅力，在获得汪英杰先生等人的帮助下，于1990年6月15日到1993年4月8日之间，将广福岩的内洞打通，并命名为“水晶洞”，供游客参观。

图3—31 屈德福先生像
（2016年12月25日翻拍）

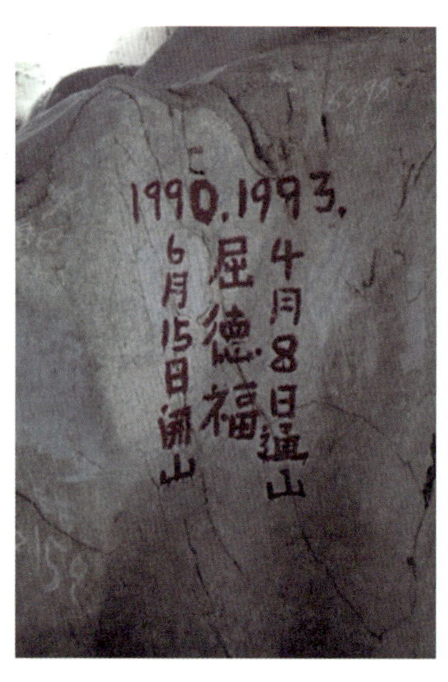

图3—32 水晶洞内屈德福先生留字记录开山年份（2017年2月11日摄）

屈德福先生的外甥女，张秀珍女士在屈先生过世后继续负责打理广福岩。张女士生于1939年，目前已近80岁高龄，虽然现在依旧健壮，但也面临传承和管理寺院的问题。

至于日常事务的处理，虽然偶有张秀珍女士（珍姐）的街坊邻居或后辈亲戚前来帮忙，但主要还是靠年近80的珍姐打理。珍姐正在积极推

图 3—33　拉蒙耶 · 旺萨 · 伟加耶塔
（2017 年 1 月 21 日摄）

广水晶洞的旅游，通过各大报章如《南洋商报》的报道，[①]期望水晶洞能为广福岩带来足够的收入，以维持日常开销。

广福岩洞外的空地，新近增建一座缅佛塔寺，名为拉蒙耶 · 旺萨 · 伟加耶塔（图 3—33），有缅甸籍僧人常驻，有关的修塔工程延续了二十来年，期间，僧人暂住广福岩的斋堂；2017 年 1 月 22 日，该塔竣工而正式启用，而以在马的缅甸籍教徒为服务对象。《南洋商报》2014 年 12 月 13 日关于广福岩的报道提到，常驻的僧人平日会帮忙善信祈福问事，[②]但笔者进行访谈时，却鲜少见到僧人，佛寺也经常大门紧闭。2017 年 1 月 21 日，研究团队一行人再访广福岩时，见缅甸籍人在广福岩客堂设宴，他们还亲切地邀请研究团队和他们共进午餐。

平时，若珍姐未外出，信众可到大殿礼佛、求签（观音一百签）。广福岩一年内仅有几次重要庆典，分别是农历六月十九的观音诞，以及阳历五月庆祝的卫塞节。每逢正月三十，广福岩也会举办斋宴。

---

① 《依山劈建别有洞天；百年广福岩藏水晶洞》，《南洋商报地方 · 霹雳》2014 年 12 月 13 日。该报道所说的暹罗庙，实为缅甸庙之误。查怡保当地人多以南传佛教寺庙为暹罗（泰国）庙，而马来西亚的南传佛教系统，确实以泰国佛教居多，传统的缅甸与锡兰（斯里兰卡）佛寺，只有槟城与雪兰莪才有，这或是造成当地人将南传佛教一概归类为泰国佛教的原因。2017 年 2 月 7 日，本计划研究助理王敏仪亲到广福岩再次勘查，证实该佛塔属缅甸系统的僧人与信众所建。

② 同上。

传说轶闻

按近二十来年常到广福岩帮忙的义工汪英杰所述①，广福岩有以下的故事：

（一）

某日，一位来自马六甲的印裔僧人前来广福岩拜访，声称早前打坐时，忽然听到有声音召唤他前来这个寺庙，也告诉他这里供奉了哪些神佛。该印裔僧人此前未曾到访广福岩，却能准确说出庙中所供神明的名号，如 Monkey God（齐天大圣）、大伯公、关圣帝等。该印裔僧指该佛寺是在一座“舞狮的山下”，汪英杰闻言不明所以，该僧人说，待到一日，自会明白。后来某日，该寺山壁上的树因干旱而枯萎，汪坐在寺前的亭子里抬头望去，果见寺庙所依的岩山上壁突出的一块岩石，其形状乍见正似舞动的狮头，才明白该印裔僧人的话。

（二）

广福岩一带常有野狗跑来觅食，之后就经常出现在庙前。汪先生协助屈德福开发水晶洞期间，常见一只毛色呈黄白相间的狗出现，过后该狗不再出现，便问旁人其踪迹，人家告诉他，说狗跑进水晶洞里了。他听了只当随口一说，不在意。某日在洞里工作，一转身，见一岩石的形状，就与不见的狗一样，如领会人家说的“跑进洞里”居然是这个意思！

（三）

某一年的大年初七，一群来自槟城的中年妇女到访庙宇进香。由于她们年纪稍大，行动比较迟缓，走起路来也步履蹒跚不利索，嘀咕自己没办法攀登石阶进洞上香。在汪先生的鼓励下，她们最终还是勉力却缓慢地登上石阶，进入庙里上香和参观。稍后从洞内出来时，她们竟觉得身体变得比较轻松，走起路来步履也轻快了许多！

---

① 受访者：汪英杰，访问日期：2017 年 1 月 21 日。

Chapter 4: Nam Tou Ngam

Tan Chaw Hui

Nam Tou Ngam: The roots of *Donghua Shan Haiyun*,

Housed along Jalan Musa Aziz, the temple has always been a private family temple. As such, it is not really well-known. However, the Nam Tou Ngam still fetches a very high historical value as it is not only an ancient temple which survived the World War Ⅱ., but it also marks the sacred place where the *Donghua Shan Haiyun* school originated from.

The founding year of Nam Tou Ngam remains unknown, however, the ancient bell which dates back to 1893 and the 1907 door plaque could well indicate that the temple existed before World War II. Besides that, the stone tablets of the "*Tian Gong Wu Lao Guan* (Jade Emperor and Five Sages Temple)" in Seremban and of the "Building Virtue Gaining Fame" in Loong Thow Ngam Taoist Temple respectively contain inscribed records which states that the *Haiyun* school originated in Nam Tou Ngam before spreading to Loong Thow Ngam Tao Temple. Based on this, it can be safely assumed that the Nam Tou Ngam is a very important Taoist temple in Ipoh in the early 19th century.

The tablet and altar honoring Nam Tou Ngam's founder, Master *Lu Shan Fu* can also be found in the Loong Thow Ngam Tao Temple, built by Master Chung Sin Kuan, the founder of the *Haiyun* school. In fact, Master Chung is also enshrined in the inscriptive tablets and altars in all temples founded by Master *Lu* like the *Tian You Gong Zi Zai Guan* in Penang. This not only proves that Nam Tou Ngam is important in relation to the *Haiyun* School, but also its abbot founder, Master *Lu*.

There are many precious cultural relics found in Nam Tou Ngam, like the autograph of Tao couplets of 1895, a hand painted table of 1901, door plaques of 1907 and so forth. These relics have become weather-beaten and are beginning to show signs of damage. This article seeks not only to sort out the brief history of Nam Tou Ngam's enshrined deities, followed by its celebrations and management but also to record its cultural relics.

第四篇

南道岩

——东华山海云派的发迹之地

陈昭慧

基本简介

南道岩（图4—1）坐落于 Jalan Musa Aziz——怡保最繁忙的大道之一。南道岩的位置显眼，壁上还刻有引人注目的“太上老君”四个红字。尽管如此，南道岩以家族私庙方式管理，如今极少对外开放，使当地人对该庙甚感陌生。南道岩应该曾经是怡保重要的岩洞庙宇，目前国家档案局还保有数张南道岩的旧貌照片（图4—2至图4—5）。其中一张似一位道士站在洞口（图4—2）。

南道岩作为怡保第二古老的岩洞庙宇，其历史价值是不容忽视的。根据森美兰州芙蓉天公五老观的碑记，南道岩是东华山海云派的显迹之圣地。海云派由客家道士钟善坤创立，是马来西亚第一个本土全真道派。《天公五老观碑》记：

> 易曰：观天之神道，而四时不忒……诸圣人借神道而教民，上古赖神功而治国。所以人凭神力，神佑人康者也。兹将南洋大比叻，坝罗南道岩其教民间，乃玉帝五方老道、胎元化一之慈悲；感应归于执中。老祖传流原盘古道，画影佛释儒道，三教同宗。善法仙度，前有

图 4—1　坐落于大道旁的南道岩。（2017 年 2 月 24 日摄）

> 前师，后有后师，天上显迹东华山，在石叻开演海云派。地下显迹南道岩玉师观……创同德宫之源流，开行至大僻呖龙头岩。丙午年乃林君六经注册修紫云洞天公观……坝罗道士钟善坤、张法介、何玉堂三人，奉禀大英政府华民政务司大人恩准，谨于民国丁卯年十月吉旦，兴工建造青山洞天公五老道观……①

坝罗龙头岩主持钟善坤和副理邓法华等道士在民国十七年（1928）立下这石碑。怡保南道岩的历史渊源，竟见于两百七十公里以外的芙蓉天公五老观。此碑文在马来亚道教史上意义重大。龙头岩“德建名立”石碑亦有记载，海云派“源古迹南道岩开始至石叻同德演海云之派其源”。这些碑文清楚地记录了东华山海云派的历史脉络——此派本源自石叻，即新加坡，后来显迹于南道岩，最后才传到龙头岩。芙蓉“天公五老观”和怡保龙头岩“德建名立”同时证明了南道岩是海云派始创初期非常重要的圣地。

---

① 傅吾康、陈铁凡合编：《马来西亚华文铭刻萃编》（第二卷），马来亚大学出版社 1985 年版，第 450 页。

图 4—2　南道岩旧照片之一

（马来西亚国家档案局典藏，编号：2001/0049039）

图 4—3　南道岩旧照片之二

马来西亚国家档案局典藏，编号：2001/0049040）

图 4—4　南道岩旧照片之三

（马来西亚国家档案局典藏，编号：2003/0008365）

图 4—5　南道岩旧照片之四

（马来西亚国家档案局典藏，编号：2002/0020149）

庙宇简史

南道岩始建于哪个年份，实属不详。故此，笔者仅能从庙里的文物，来推测其始建年份。目前所获，庙里最古老的文物，实属一口古钟。这口古钟上面铸有“光绪癸巳年 仲夏吉旦”（1893）的字样，迄今已有124年。同时，在马来西亚国家档案局（Arkib Negara Malaysia）所藏《霹雳政府宪报》也有南道岩的记录。在1895年社团法令开始实施的那一年，南道岩已向政府申请注册。[①] 当时的南道岩应已具有一定的规模和管理系统。注册法令推出的第一年，南道岩就向政府提出注册申请。以上两笔资料都足以证明，南道岩在19世纪末，甚至可能在1893年前就已经成立了，但目前只能追溯到这个年份。

此外，作为海云派的发祥地，现今的南道岩洞内却见不到任何有关东华山海云派的遗迹。南道岩的开山祖师——卢善福道长（图4—6），确实是东华山海云派的开山祖师之一。海云派龙头岩紫云洞天公观内至今仍可见刻着海云派开派祖师们名字的长生禄位，而“南道开山祖师卢善福道号甲申”的名字居长生禄位正中央（图4—7）。另外，龙头岩还有一个木制的单人长生禄位，上面一样写着“南道开山祖师卢善福道号甲申”（图4—8）。龙头岩开山祖师钟善坤道长所主持的道观里出现了卢善福的神主牌，而在卢善福道长创办的宫观里，如槟城的天有宫自在宫，也一样供奉着海云派开山祖师钟善坤的长生禄位。[②] 这些证据显示，南道岩在早期与海云派重地龙头岩交流密切，其开山祖师极有可能是同一批道士。

笔者于2016年8月3日到访南道岩时，观内虽有卢善福道长的遗像，但却不见其神主牌。南道岩开山祖师的神主牌为何会供奉在龙头岩？现任龙头岩李修清道长仅知怡保的南道岩、龙头岩和南道院（现名南天洞）

---

① 南道岩有关的注册资料，可参照上篇的图3—9。

② 此部分参考自李永球《中国海外首支全真道派系——马来西亚及新加坡东华山海云派之调查研究》一文。此文发表于2012年第一届马来西亚华人研究双年会，收录于《第一届马来西亚华人研究双年会论文集》，马来西亚华社研究中心2013年版。杜忠全在2017年2月3日到访槟城自在宫，但主堂上锁，庙宇负责人不愿开放勘察。

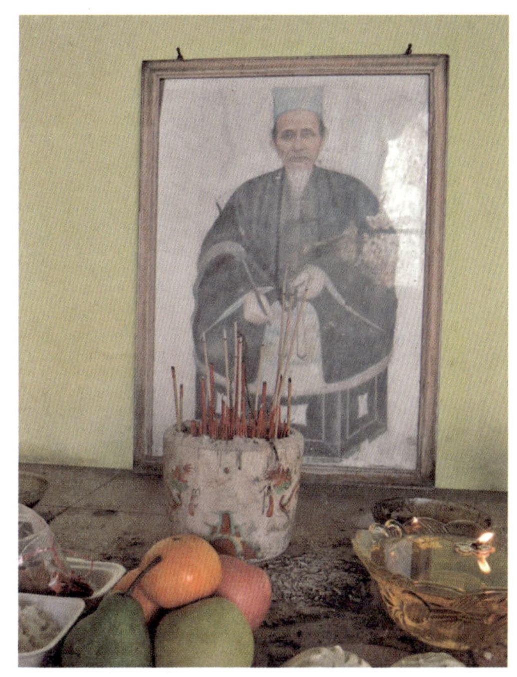

图 4—6　南道岩内卢善福道长的肖像
（陈昭慧翻拍于 2016 年 8 月 3 日）

有历史的渊源，但为何南道岩的开山祖师神主牌会供奉在龙头岩，他也无法说明。实际上，其神主牌从原处到最后的去向，即现在安放在龙头岩的事由，至今仍无人能解开这个谜题。

对此，本书研究团队一行人笑指，或许南道岩的开山祖师们预见了南道岩百年后的沉寂，因此转移了安奉地点！龙头岩作为当今唯一维持道士主持的岩洞庙宇，现今仍持续发展硬体，同时亟须推广旅游结合的开发，唯这点与严肃的宗教实践不可同日而语，都是以经济发展维系道场运作之无可避免的模式。

第一代主持卢善福①，是位火居道士。他的原配是杨春娘（喜娘），在他羽化后庙宇就交由后代管理。②今日，南道岩已传了四代：第二代卢志英道长、第三代卢德勇道长、卢德福先生，现任负责人——古国平和胡碧姬。③

---

① Donny 先生转述现任南道岩负责人古国平的说法，南道岩的开山祖师应名为卢新才道长。然而，本文以龙头岩内卢善福长生禄位上的名字作为依据。Donny 先生是现任负责人古国平的朋友，平日帮忙打理南道岩事务。访问日期：2017 年 3 月 7 日，访问者：陈爱梅，记录：王敏仪。

② 李永球：《中国海外首支全真道派系——马来西亚及新加坡东华山海云派之调查研究》，第 188 页。

③ Donny 先生所提供的资料。访问日期：2017 年 3 月 7 日，访问者：陈爱梅，记录：王敏仪。

图 4—7　海云派开山祖师们的神主牌（2016 年 12 月 25 日，摄于龙头岩）

录文（仅取神主牌中间）：

奉行道传正修祖师李纯郎真君真人

道封顺法正光祖师周杜郎真君护缘真人

南道开山祖师善福道号甲申卢善朗神位①

图 4—8　龙头岩内卢善福的长生禄位（2016 年 12 月 25 日，摄于龙头岩）

---

① 录文者为王敏仪。

录文：

南道开山祖师善福道号甲申卢善郎神位[1]

供奉神明

南道岩是道观，又别名“太上老君岩”，顾名思义，庙宇的主祀应该是太上老君。但是笔者在2016年8月3日到访时，并没有看到太上老君的神像或神位，庙里只有几个年代看似久远的神龛，其中“太虚仙道”的神龛可能供奉太上老君，但神位字迹模糊不清（图4—9），故笔者也不敢断言主神是太上老君。除此之外，南道岩供奉的神明还有观音菩萨、雷公、南北星君、保生大帝、注生娘娘、大伯公、中坛元帅、法主公、济公、释迦牟尼佛、孔子、五方五土龙神、拿督公、太岁爷、土地公、门神土地、地藏王菩萨、虎爷等的神位。由于盗窃频发，今南道岩已经将神像移置他处。

图4—9　南道岩内“太虚仙道”的神龛
（陈昭慧摄于2016年8月3日）

① 录文者为王敏仪。

文　物

南道岩现存的最早文物是光绪癸巳十九年（1893）的古钟（图4—10）和在柱子上刻有光绪乙未（1895）的楹联（图4—11）。楹联的保存状况并不佳，其中一个楹联的字被木阻挡了，似用以支撑梁柱之用。除了古钟及楹联，南道岩现今可见清朝时期的文物，还有神座（图4—12）、南道岩匾（图4—13）、玉师观匾（图4—14）和神桌（图4—15）。

除了以上的文物，南道岩现尚可见岩壁上题诗、题字和涂鸦（图4—16至图4—24）。至于楹联、题诗和涂鸦部分，因历经时代久远，其痕迹褪色不少，已无法清楚辨识，甚为惋惜。

风调雨顺
老君石岩

图4—10（1）　古钟（1893）（陈昭慧摄于2016年8月3日）

光绪癸巳十九年
仲夏吉旦
坝罗阖埠绅商
筹捐银两

图 4—10（2）　古钟（1893）（陈昭慧摄于 2016 年 8 月 3 日）

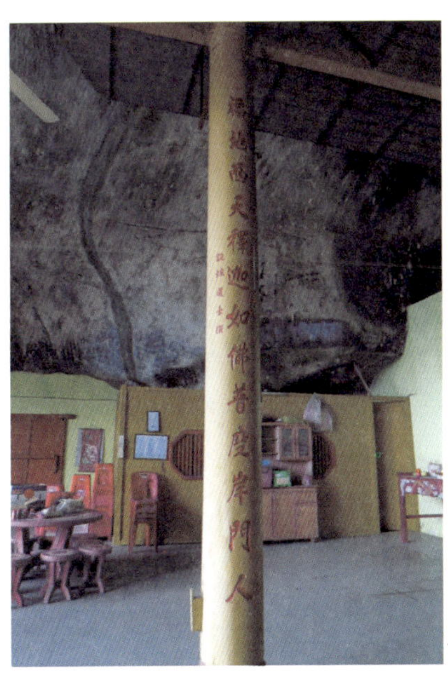

福地西天释迦如佛普度岸门人
设坛道士撰

图 4—11（1）　楹联（陈昭慧摄于 2016 年 8 月 3 日）

光绪乙未岁仲冬之月○旦。
数百尺灵岩广闽独成海外奇观

图 4—11（2） 楹联（陈昭慧摄于 2016 年 8 月 3 日）

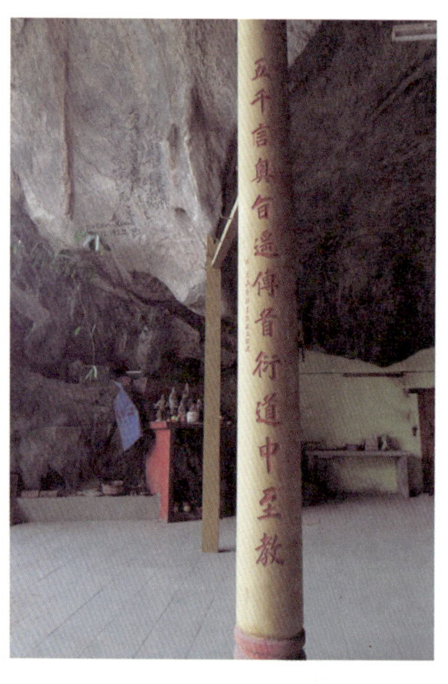

五千言奥旨遥传首衍道中至教
沐恩弟子归善张启立敬送

图 4—11（3） 楹联（陈昭慧摄于 2016 年 8 月 3 日）

乙未季冬吉旦立
〇〇〇〇〇〇之上生妙法

图 4—11（4）　楹联（陈昭慧摄于 2016 年 8 月 3 日）

太上老君佛祖座右
辛丑年桐月弟子辜务心敬奉

图 4—12　神座，1901 年（陈昭慧摄于 2016 年 8 月 3 日）

太上老君佛祖座右
辛丑年桐月弟子辜务心敬奉

图 4—13　南道岩匾，1907 年（陈昭慧摄于 2016 年 8 月 3 日）

己酉年仲春吉立
玉师观
沐恩弟子戴笔戴威安敬送

图 4—14 玉师观匾，1909 年（陈昭慧摄于 2016 年 8 月 3 日）

宣统二年

图 4—15 神桌，1910 年（陈昭慧摄于 2016 年 8 月 3 日）

癸巳登临值孟秋
层蛮耸翠出奇峰
龙吟云会长水流
虎啸风从际遇中
天财万万奇〇彩
地宝千千利路通
贵高三品标名显
富洽华夷叶晓〇
大清国广粤省晓晴慕此
时光绪十九中
提拾岩石之中
天然〇〇像

图 4—16 岩壁题诗，1893 年（陈昭慧摄于 2016 年 8 月 3 日）

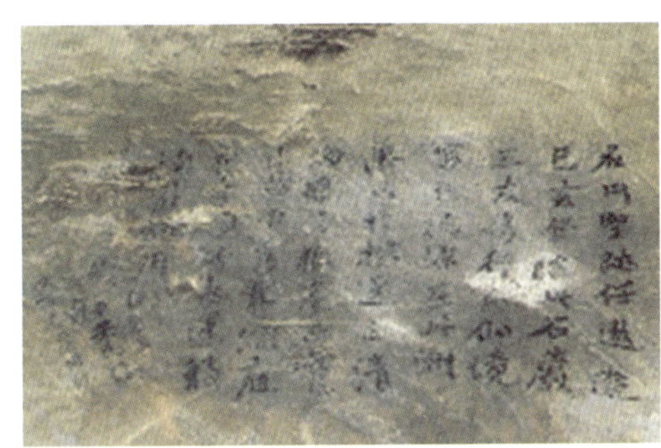

名山胜跡任遨游
乙亥登临山石严
三太〇行〇仙境
客〇桃谏在山洲
万山〇〇远三清
〇鹤〇猴产石灵
〇〇〇〇赛洞
〇〇〇〇泰运转
〇〇〇〇
崇正
鱼未氏题
伍文礼陈裕光二位同订

图 4—17　岩壁题诗，1898 年（陈昭慧摄于 2016 年 8 月 3 日）

鹤邑
张金龙
张成〇
〇〇浩仝题
光绪乙未年订

图 4—18　岩壁题诗，1898 年（陈昭慧摄于 2016 年 8 月 3 日）

〇酉年仲冬登临胜〇
神恩感志
火观天然〇
上〇道至尊
〇屋赤千古
普万民
离劫难
我渐普昌荣
〇生如宾善
安乐岁长
〇邑曾繁〇
副〇民政务司大臣
〇〇恭贺

图 4—19　岩壁题诗，年份不详（陈昭慧摄于 2016 年 8 月 3 日）

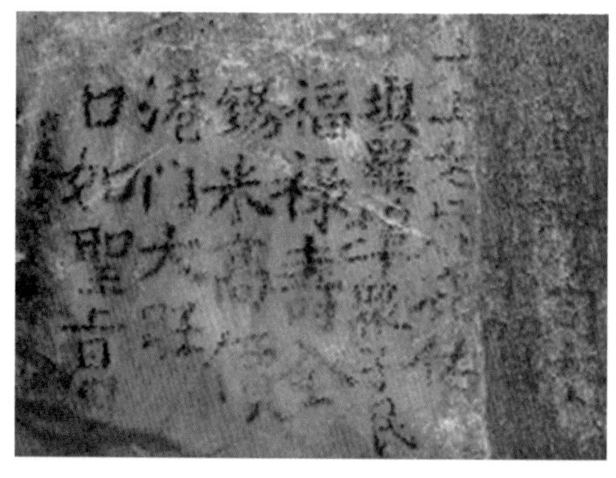

太上老君庇佑
坝罗埠众子民
福禄寿全
锡米高价
港门大旺
口如圣旨

图 4—20　岩壁题诗，年份不详（陈昭慧摄于 2016 年 8 月 3 日）

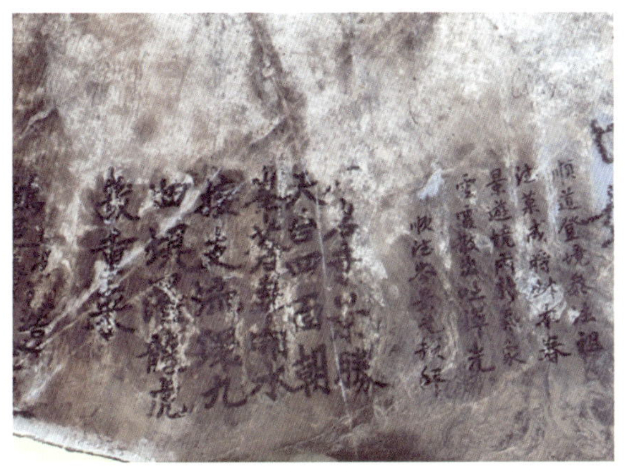

老君奇景胜
天台四面朝
峰苍翠〇水
接支流环九
曲坝罗龙虎
几重来

图 4—21　岩壁题诗，年份不详（陈昭慧摄于 2016 年 8 月 3 日）

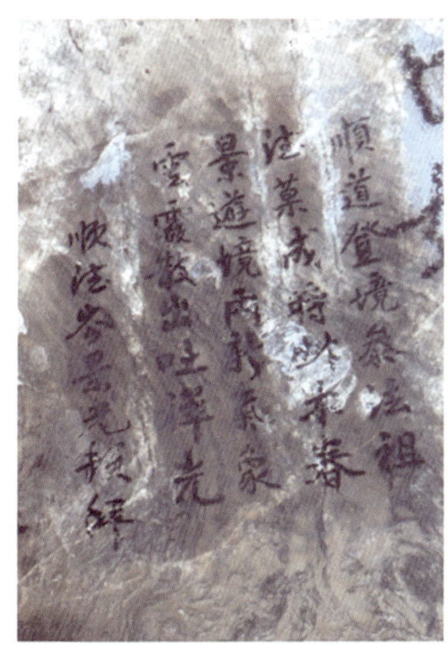

顺道登境恭法祖
法菓成时于木春
云霞散出吐禅光

图 4—22　岩壁题诗，年份不详（陈昭慧摄于 2016 年 8 月 3 日）

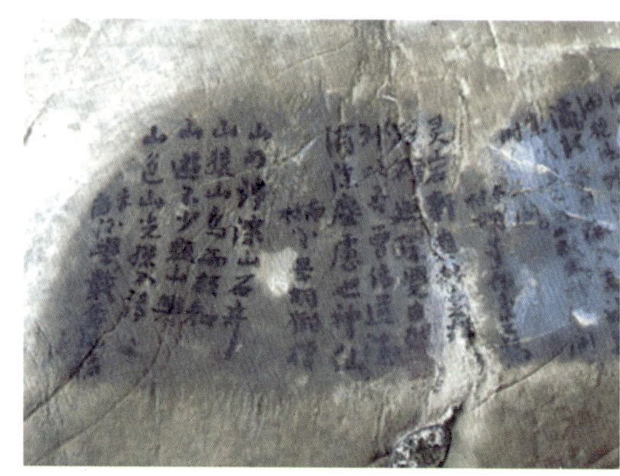

〇〇〇环觉自然
〇此〇曾传道法
消除尘虑也神仙
南村〇学胡〇档

图 4—23 岩壁题诗，年份不详（陈昭慧摄于 2016 年 8 月 3 日）

赤岗汐学载〇此稿
老〇宫〇栗巍峨
仙佛常临镇此多
真言妙法除灾祸
道高法显〇无〇
〇〇徐鹿南提

图 4—24 岩壁题诗，年份不详（陈昭慧摄于 2016 年 8 月 3 日）

庆　典

南道岩人手不足，所以每年只举办三次庆典，即每年农历二月十五、七月初一和十二月十六日的太上老君诞（图4—25）。洞内没有常驻道士，故每逢庆诞，南道岩负责人都会邀请赖南顺师父来负责道教科仪。赖南顺师父曾经服务于东华洞及其他神坛，有一定的信众群。因此，凡南道岩举办的庆诞，一些忠实信众会从各地前来帮忙。

图4—25　2016年七月初一太上老君诞，众人燃烧纸扎青牛和金纸（陈昭慧摄于2016年8月3日）

2016年农历七月初一（8月3日），笔者参与南道岩的太上老君诞。此庆诞约傍晚6时开始，由赖师父主持。参与庆诞人有古国平先生、Donny先生、赖师父的信众及少数附近居民。赖师父穿上了大红色的衫裤，以图好运降临。

吉时一到，赖师父及助手们便烧香、鸣鼓，象征仪式的开始。赖师父手敲木鱼，口中念念有词，率领一行提着纸扎青牛的信众绕庙三圈。绕完庙后，信众们便将纸扎青牛置放于南道岩前面的空地上，再将金纸堆放于青牛脚下。除了脚下的金纸，青牛的前方还置有祭祀五路将军的五堆金纸。信徒点火燃烧青牛和金纸后（图4—27），大队移师到南道岩正入口左侧的草地上，点香，烧金纸、五彩纸拜祭孤魂野鬼。仪式进行时，赖师父口中持续念着“发啊！旺啊！兴啊！”等吉祥话，让参与的信徒都能鸿运当头一整年。

传闻轶事

南道岩鲜少对外开放，因此当地人对此岩洞较为陌生。自从南道岩主持遇害后，岩洞因而荒废，几乎无人问津。久而久之，南道岩的各种臆测和传闻也不胫而走。此外，也有传言南道岩曾发生山崩。山崩时，倒塌下来的泥泞沙流覆盖了山下的小村庄，村内居民无一幸免。[①] 普遍上，当地人认为南道岩曾经发生过很多意外事故，因此灵异传说甚嚣尘上。每晚人们经过南道岩，都会看到有点点“鬼火”在洞内闪烁，忽明忽暗，恐怖万分。[②] 因此入夜后，当地人都会尽可能远离南道岩，以免招惹麻烦。

① 经访谈后，得知山崩并非发生在南道岩的所在位置，而是在南道岩左侧的一座庙宇旁。受访者：Donny 先生，访问日期：2017 年 2 月 22 日，访问者：陈爱梅，记录：王敏仪。

② 怡保人并不知道，南道岩其实是有人在协助打理的。每天，Donny 上班前后都会到南道岩去上香。因此他们看到的“鬼火”，极有可能是 Donny 所点的香火。

Chapter 5: Loong Thow Ngam

Tan Chaw Hui

Loong Thow Ngam: The only local lineage of Malaysia's *Quanzhen* School.

In the 1910s, Chung Sin Kuan, forefather of the Loong Thow Ngam (or Lung Thau Ngam) founded the *Hai Yun* School at Tanjong Pagar, Singapore based on the traditions of the Complete Reality Dragon Gate Taoism (*Quanzhen Longmen Dao*) which exists exclusively in Malaysia and Singapore. The *Hai Yun* School marked the first branch of the *Quanzhen* School outside China which has its own lineage poem. Although the *Hai Yun* School was founded in Singapore, it soon made its way to the Nam Tou Ngam, before arriving at the Loong Thow Ngam (the Dragon Crest Cave). Today, the *Hai Yun* lineage is not found anywhere except in the Loong Thow Ngam.

Loong Thow Ngam is a natural stone cave, situated along Jalan Kuala Kangsar, Taman Wing Onn at the east side of Ipoh. The main deities worshipped in the temple are Emperor Guan (or *Guan Di*), Jade Emperor and Supreme Elder Lord. The temple holds the longest stone inscription among the many cave temples. The temple's inscription is a record of the origins of the Loong Thow Ngam. Accordingly, the Holy Emperor Guan was enshrined in the temple as early as 1894 by *Huang Cheng Qing*. Later, the cave was registered with the help of Master *Liang Xing Yuan*, Master *Li Shan Lian* together with *Lin Liu Chang*, *Lu De Chang* and several other kind folks. In 1911, Master Chung Sin

Kuan bought 8 acres of mining land through donations and had progressively expanded the temple. The inscription reveals the great *Feng Shui* (geomancy) attributes of the cave— "This realm is a destined land of fortune, where the auspicious afterglows appear, the sparkling stars shine, the rosy clouds swirl like the form of a dragon spitting out its pearl and the full moon rises over the mountains".

Master Lee Soon Fong, or *Li Xiu Qing* (the temple's 5th abbot) took over the management of the Loong Thow Ngam in 2000 and turned it into what it is today. Master Lee not only upgraded its infrastructure but also actively promoted the concept and elements of Taoism. This article records the temple's history, the names of deities enshrined, stories of successive abbots, the inscription on the stone tablet— "Building Virtue and Gaining Fame", headstone inscriptions in the graveyard, systems practiced and celebrations. In addition, the article also seeks to note on the various anecdotes of the Loong Thow Ngam.

第五篇

龙头岩

——全马唯一尚有传承的本土全真道支派

陈昭慧

基本简介

马来西亚道教以正一道和全真道为主要的支派。正一道也称正一教、正一派，尊崇张道陵为祖师爷，主要从事醮仪和符箓；全真道也称全真派，尊王重阳为祖师爷，主要从事炼养和清修。全真内又有七大派，即遇仙派、南无派、随山派、龙门派、仑山派、华山派和清静派。龙头岩，正是全国现存唯一继承全真龙门派道脉的道观。

全真龙门派尊长春道人丘处机为宗师，注重养生与内修。1910 年前后，龙门派龙头岩开山祖师钟善坤道长（生殁年不详）以全真龙门道为背景，于新加坡丹绒巴葛（Tanjong Pagar）开创了马新一带独有的龙门“海云派”。此海云派是中国海外第一支道教全真派系支派，有了自己的法派诗。按《天公五老观碑 》记载，此派“天上显迹东华山，在石叻开演海云派。地上显迹南道岩玉师观”，并“创同德宫之源流，开行至大辟溧龙头岩”，让人清楚了解到海云派本源自新加坡，后来显迹怡保南道岩，再传到龙头岩（图 5—1）。之后，海云派香火由龙头岩传至森美兰州天公五老观、天师庙及士拉央自在宫。[①] 让人惋惜的是，除了龙头岩之外，海云派并无其他的传承延续至今。

图 5—1 龙头岩紫云洞外观（2016 年 12 月 24 日摄）

位置简介

龙头岩位于怡保市东江沙路永安园。按该道观的石碑，“此境天缘之福地，有祥霞磻结之气，景星庆云之彩，形似苍龙吐珠之格，生七星盥月之仑”。龙头岩形状似一条吐珠之苍龙。现任主持李修清道长解释，龙头岩地形极似像北斗，地处龙脉的头部，巨龙头朝北吐珠。由龙头岩上背朝北，面朝南往下望，会看到一条绿色小径，每逢下雨时会有源源不绝的水流入，形成小溪，此为龙喉；龙头岩东南部有一个著名的旅游胜地昆仑浪休闲公园（Taman Rekreasi Gunung Lang）则为龙脉的腹部；龙脉延绵直下至南边的南道岩，则为龙尾。岩洞内上方顶因长期为香火所熏，呈现黑

---

① 2017 年 2 月 12 日，李修清道长受访于龙头岩。

金色，2000 年由专人打磨成黑白太极图。此洞阴凉，且有彩云祥瑞之气，因而名紫云洞。

紫云洞是天然的钟乳石洞穴。长期的水滴、石穿，形成了形状各异的钟乳石柱和石块，如造型奇特的龙、凤、福禄寿仙翁等，其中又以龟、蟾蜍和白熊造型（图 5—2）的钟乳石最为闻名。龟象征长寿，而蟾蜍象征财富，因此访客到访龙头岩，会先摸龟石，再摸蟾蜍，祈求强健体魄再享受财富。这些奇形怪状的钟乳石，既是自然造化的鬼斧神工，也是天然艺术。

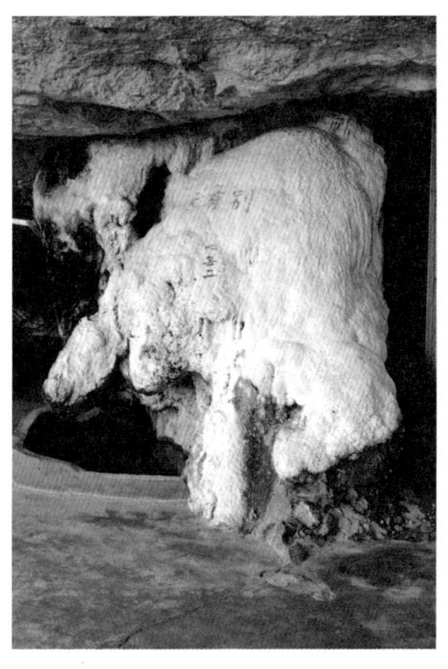

图 5—2　白熊喝水形态的钟乳石（2017 年 3 月 4 日摄）

庙宇简介

按龙头岩紫云洞《德建名立》碑所载：

> 德演海云之派，其源由前清光绪甲午岁，黄澄清请关圣帝安奉于此。至丙午岁道人梁星垣、李善传邀请商翁林六经、陆德昌诸翁注册后，到宣统辛亥年，道士钟善坤买此矿地八于吉爰集福善缘乾坤两

道，担土凿石，功金刜济，名魁鼎首，开碑据念。捐银伍员以上者，名列以左，万载公益悠绅。

龙头岩于光绪甲午岁（1894）年就有黄澄清在此供奉关圣帝君。丙午岁（1906），龙头岩在梁星垣道长、李善连道长、林六经、陆德昌和诸善长仁翁的协助下，终于获得注册。《霹雳政府宪报》证明龙头岩确实在这一年登记注册，注册名为“Lung Thau Ngam”。可惜的是，龙头岩在这一年注册的资料，仅见于《霹雳政府宪报》的索引（图 5—3）。馆藏于马来西亚国家档案局，1906 年的《霹雳政府宪报》，不管是纸本或微胶卷，都缺了几页，而这缺失的页数恰好是龙头岩注册的页码。龙头岩现保存一份“Lung Thau Ngam Taoist Temple”的影印本资料，可惜年份不详。研究团队派研究生到新加坡国立大学查阅，确定那是 1927 年的宪报，内容主要是霹雳参政司宣布将编号 28140 的土地，保留予道教素食坟地（for the interment of Taoist Vegetarian），此地由龙头岩道观的主持及其继承者所管理。[①] 龙头岩成立于 1906 年，并且在 1927 年建立墓园，可惜目前所获的墓碑资料，没有发现 20 世纪 20 年代的墓碑。[②]

Exemption under Societies Enactment—
Batu Gajah Reading Room of B. Gajah, 165
Indian Association of the F.M.S., Taiping, 369
Kuala Kangsar Reading Room of K. Kangsar, 369
Lung Thau-Ngam, 889
Oi Low Club of Gopeng, 571
Perak Anti-opium Society, 1094
Taiping Young Men's Association, 1017
Tapah Literary Association, 889

图 5—3 《霹雳政府宪报》1906 年索引，资料取自马来西亚国家档案局

① Federated Malay States Government Gazette, 1927, P. 467.

② 这段文字由陈爱梅补充。

宣统辛亥年（1911），钟善坤道长买下这里8英亩的矿地，并对外发动募捐筹款，获得杨氏三姑等人的热烈响应，才创建了如今所见的宫观。不过，早在光绪甲午年（1894），也就是龙头岩正式注册之前，黄澄清已在此地供奉关圣帝君了。

日据时期，龙头岩成为日军的储物站。日军在岩洞内储放布匹、干粮等物资，但并无大肆破坏庙宇的举动，也未加害洞内道长。紧急法令期间，龙头岩被划为强制疏散区。岩内的修道人各自迁出而失去联络。在这期间，龙头岩第四任主持李真祥道长一行人被迫迁至斗华新村，并在该地建立了白云观。同时，附近文浪碑华小被逼停办，该小学的校长和教师就暂借白云观继续授课。戒严时期结束之后，道长们重新重返龙头岩，接手并整顿龙头岩。由于李真祥道长医术及道术高明，因此，永安园附近居民无论是喜丧斋醮或是生病，都会寻求李真祥道长的帮助和指点。当时，中国道教协会副会长王光德道长和田理阳道长等人亦曾到龙头岩来拜访、交流。20世纪70年代，李真祥道长曾扩建龙头岩，却遭无良发展商诈骗。发展商中饱私囊而偷工减料，导致后来建筑物倒塌。龙头岩曾于1986—1999年时因人手调配问题而一度荒废，并遗失许多珍贵文物。[①] 2000年，当李修清道长从吉隆坡重返龙头岩接管道观事务后，便开始筹款集资，启建玉皇殿，将龙头岩发展成现有规模。

供奉神明

按《德建名立》碑，“光绪甲午岁黄澄清请关圣帝安奉于此”，证明龙头岩在光绪甲午年（1894）便由黄澄清在此供奉关圣帝君。至今关圣帝君依然是紫云洞的主祀对象（图5—4）。如今，龙头岩供奉的神明有关圣帝君、关平太子、周仓将军、文昌帝君、太上老君、元始天尊、灵宝天尊、孔夫子、圆通自在天尊、斗姆元君、武曲星君、孚佑帝君、三官大帝、青华教主太乙救苦天尊、玉皇大帝、妈祖、华佗先师、金花夫人、陈公九郎先师、吕祖、王灵宫、六十甲子星君、当年太岁、比干、十殿阎王神位、城隍土地及大伯公。目前，龙头岩正在兴建天公殿（图5—5）。

---

① 2016年11月30日，李修清道长和李玄生道长受访于龙头岩。

图 5—4 龙头岩大殿所供奉的神明（2017 年 5 月 22 日摄）

图 5—5 新建中的龙头岩紫云洞天公殿/玉皇殿（2016 年 12 月 24 日摄）

历任主持

开山祖师：钟善坤道长（？—1933）

钟善坤（图 5—6），东华山海云派的开创者，同时也是龙头岩开山主持。他生殁年不详，羽化并葬在龙头岩的道教墓园内，墓碑立于 1933 年。钟善坤在马来西亚创立的道观有龙头岩、天公五老观及天师宫。[①]

图 5—6　钟善坤道长遗像
（2017 年 2 月 12 日翻拍）

图 5—7　徐法来道长遗像
（2017 年 2 月 12 日翻拍）

第二任主持：徐法来道长（生殁年不详）

海云派法派诗云：上九正善法，真修大道成，开德锦春秀，西朝影紫宸，遥度南城礼，回光返照兴，北极分帝座，五炁乾坤定。按此钟善坤道长为海云派开山祖师，第一代，徐法来道长（图 5—7）是钟善坤道长的徒弟，是海云派第二代——“法”字辈。他羽化后葬于龙头岩墓园内，墓碑文字如下：“民国廿七年（1938）戊寅秋月吉立；东华山海云派徐公三郎讳法来之坟墓。门徒众等同立。”此外，亦有双坟碑上有徐法来道长和第三任主持邓法钦道长的名字。[②]

---

① 李永球：《中国海外首支全真道派系——马来西亚及新加坡东华山海云派之调查研究》，《第一届马来西亚华人研究双年会论文集》，马来西亚华社研究中心 2013 年版。

② 墓碑上文字：民国庚申年 二世本岩副开山徐法来邓法钦道长之墓 徒夏孟月季日孙同共志。

第三任主持：邓法钦道姑（生殁年不详）

邓法钦道姑（图5—8）和徐法来道长一样，是钟善坤“法”字辈弟子，海云派第二代传人，也是龙头岩第三任主持。她羽化后葬于龙头岩道教墓园，墓碑文字如下：“民国四十年（1951）辛卯岁，海云派本岩第二主任道姑邓法钦墓。徒众等奉立。”此外，其名字也见于徐法来道长的双玟上。

图5—8 邓法钦道姑遗像

（2017年2月12日翻拍）

图5—9 李真祥道长遗像

（2017年2月12日翻拍）

第四任主持：李真祥道长（1918—1986）

李真祥道长（图5—9）本名李祯祥，生于1918年，海云派真字辈道士。他出生于新加坡，年幼时体弱多病，因此母亲将他送到龙头岩调养。在道长们的悉心照顾之下，李真祥道长终于把身子调理好了。也因长期耳濡目染，李真祥道长逐渐学会了各种道教科仪和义理。李真祥道长虽为龙头岩第四任主持，却是由海云派开山祖师钟善坤亲自传授的后辈。钟善坤对李真祥道长亦师亦父，两人同榻共眠，共同钻研道理。无论李真祥道长有什么疑惑，钟善坤道长必定悉心开导解惑。在钟善坤道长的拉拔指导之下，李真祥道长的道术有了飞跃性的进步。他上知天文，下通命理，精通符箓且医术高明，因此受到信徒们的爱戴。[①]

日据时期，龙头岩一度成为日军的储物站。日军在洞内储放了许多物资如布匹、粮食等。当时，所有的道长和道姑、皈依弟子们都被勒令搬迁。在大家的合作和高度配合之下，日军并无加害洞内的任何人。1945年日军战败撤离后，英殖民政府重返接手管理马来亚。随着局势的变化，为了加强对马共的控制和打击，英殖民政府实行了紧急法令。紧急法令时期，这可说是龙头岩最艰难的时期。在非常时期的戒严下，龙头岩的道长们不仅被勒令搬迁至新村，无法常驻龙头岩，还必须时刻保持警戒低调，以免被殖民政府误会与马共有关系而遭到打压。尽管如此，李真祥道长在那个时期依然不忘其职责，四处行医施善。遗憾的是，他的许多同门师兄弟因紧急法令的缘故，有的回到中国家乡，有的被迫搬迁至他州或其他新村，从此失去了联系，导致海云派门下弟子数量剧减。[②]

马来亚独立后，李真祥道长回到龙头岩主持事务。在他的管理下，龙头岩逐渐步上轨道，李真祥道长的声名也逐渐远播。附近居民逢办喜丧斋醮、新屋搬迁，都会请李真祥道长去主持法事。到了20世纪70年代，李真祥道长曾一度扩建龙头岩，但因开发商偷工减料而导致建筑物地基不稳，最终倒塌。[③]

1986年，李真祥道长逝世，葬于龙头岩。

第五任主持：李修清道长（1941—　）

李修清道长（图5—10），1941年出生于槟城亚依淡（Ayer Itam），他本名李瑞芳，又名明芳。李修清道长曾经于霹雳州文浪碑华小求学，八年级时，正逢紧急法令时期，文浪碑华小被逼停办，该校校长和教师只好暂借斗华村（Kampung Tawar）的白云观继续校务。20世纪80年代，一群雪兰莪州士拉央地区信徒刘才子、刘良吉、梁斯淳、黄谭雄、陈联球等人共同捐地以造自在宫。刘才子亲自邀请李修清道长择地、择日以动工，及亲自北上龙头岩请太上老君、孔子先师、陈公九郎及圆通

① 2016年11月30日，访问李修清道长和李玄生道长于龙头岩。

② 同上。

③ 同上。

自在天尊诸神的分香至自在宫供奉。[①] 自此道长主持士拉央自在宫，尽心尽力替人处理喜丧斋醮等法事，得到当地人的信任。

龙头岩曾于1986—1999年由李瑞辉先生管理，但因管理不当而使得许多珍贵的文物遗失。所幸于2000年间，在霹雳洞洞主张英杰先生的联系之下，李修清道长正式接管龙头岩，重新振兴此洞。至此在修清道长的管理下，龙头岩迅速发展。他自2000年开始集资，并且在近几年开始动工扩建龙头岩，其中包括天公殿/玉皇殿。在重修的过程中，发现隐秘的岩壁上竟有距离现在百余年前的民国初年题字（图5—11）。

图5—10 李修清道长，全真派道士（右），和严家建道长，正一派道士（左），见面交流（陈爱梅摄于2009年8月20日）

① 2017年2月12日，李修清道长受访于龙头岩。

图 5—11　拿督马汉顺医生（前）与李修清道长（后）一起研究天公观神龛后题字。马医生当场辨识出几个研究团队之前无法辨识的字（2017 年 2 月 14 日摄）

现存文物

现存于龙头岩的史料有《德建名立》石碑（图 5—12）、钟（图 5—13）、匾额（图 5—14）、石壁题字（图 5—15 至图 5—17）和度牒（图 5—18）等。

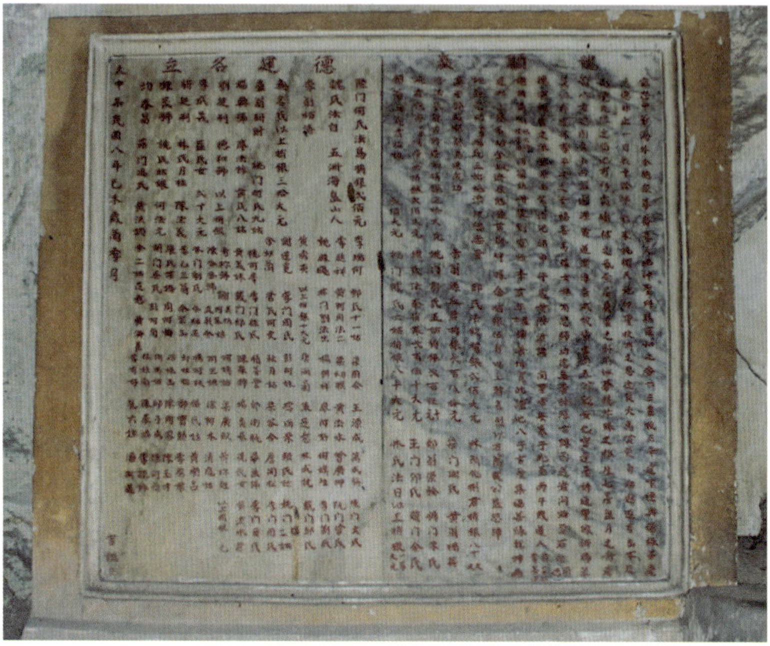

图 5—12 《德建名立》石碑（2016 年 12 月 24 日摄）

德建名立①

窃思中华海外同胞众华侨享天地神圣：所赐雍和之荣，前三皇（后）五帝遗下礼与福禄，善庆之德，非止一日，数千余年於来，托赖天地神圣扶持之恩，德莫大焉。贫道自幼遨游群岛，不及此境天缘之福地，有祥霞磻结之气，景星庆云之彩，形仙苍龙吐珠之格，生七星盥月之仑，峰峦八方回固秀水，四处遁源，贫道洁净斋戒，设紫云洞天公观，安七宝莲台，祷迎圣像，祈祷万民福寿连绵，享平安之幸福，善男信女，福有悠归，功德无量，发源古迹南道岩开始，至石叻同德，德演海云之派，其源由前清光绪甲午岁，黄澄清请 关圣帝安奉于此，至丙午岁，道人梁星垣、李善传邀请商翁林六经、陆德昌诸翁注册，后到宣统辛亥年，道士钟善坤买此矿地八于吉，爰集福善缘，乾坤两道，担土凿石，功金刜济，名魁鼎首，开碑据念，捐银伍员以上者，名烈以左，万载公益悠绅

① 廖明威整理。

姚翁克明仝妻杨氏三始施济功德无量。邓氏法饮捐银弍佰大元、林翁兆彬君捐银八十大元。

广宏发赵顺翁笃建成功。雷翁源衣君捐银弍百八拾元、梁门谢氏、黄翁楠英、

徐法来获力修造初捐银伍拾大元。姚门邹氏五姑捐银弍百伍十元。郑翁荣发、杨门朱氏、姚君成齐仝妻杨群英捐银弍佰大元。钟氏法奈捐银弍百伍十大元。王门邱氏、赵门余氏、颜翁五○君捐银弍佰大元。姚门陈氏六姑捐银八十大元。林氏法日以上捐银一百大元。

陆门何氏法乌捐银弍佰元。

魏氏法自、五洲海岛山人、李翁栢涛、无名氏以上捐银三拾大元。

卢翁新财、姚门何氏九姑、福兴号、廖法馀、黄氏八姑、刘○利、德和号、李成茂、区氏女，以上捐银弍十大元。

新廷利、林氏月桂、陈法义、振晟号、姚氏姑娘、何法元、均泰昌、罗门冯氏、黄法调、李瑞何、邓氏十一姑、李进祥、黄阿用法二、姚殿扬、林门刘法出、黄秀英，以上捐银十大元。

谢莲宽、李门周氏、余妙兰、管氏阿文、饶可銎、李门徐氏、黄义妹、戴门邱氏、奇珎号、谢美娇姑、谢阿琴姑、陈合盛号、文○金、林门刘氏、余细玉、李乚三翁、余翠玉、张氏带娇、周阿梅、胡门吴氏、彭阿兰、余二姑○意。

黄海良、梁国合、梁幼联、杨朝祥、○润兰、彭阿妹、秋月姑、积善堂、陈来锦、阿姨姑、阿玉姐、杨阿娥、邱桂招、徐怀玉、谢○姑、林妙兰、李有好、王源成、黄汰水、廖阿好、张○意、李瑞荣、梁谷合、邱衡○、杨炎基、梁广献、徐阿木、枢氏姑、郑宝勋、陈阿容、邱子成、陈展鸿、孔六姑、万成发、曾广坤、何宝生、林成就、赖氏姑、詹开松、华益号、冼贱女、黄珎魁、清凤姑、黄顺昌、李秀娘、陈玉才、陈阿燕、李踈娇、潘阿道、陈门文氏、阮门曾氏、李门刘氏、戴门邱氏、姚门杨姑、姚门二姑、李门周氏、李门黄氏、黄法水君，以上捐银　元。

大中华民国八年己未年岁兰季月　　　　吉诞立

古钟

国泰民安
风调雨顺
辛亥年
关圣帝君
众弟子敬送
禅山盛隆老炉造

图 5—13（1） 钟（2017 年 1 月 21 日摄）

图 5—13（2） 钟（2017 年 1 月 21 日摄）

中华民国三年孟秋吉旦
沐恩弟子余祖干花吴经
铸花吴奇音敬送

图 5—14　匾额，1914 年（2017 年 1 月 21 日摄）

○声响○
诵经念咒○○○
○心○○入霄○
○○道忧大众○
龙○玄○士珠玉
凤禄○菱苓寿○○
○景常存神圣○
○山浤 士之瑶○
○○○五○道人辛亥○○重游
出籍岭南○○散人截笔

图 5—15　石壁题字，1911 年（2017 年 2 月 12 日摄）

龙头岩
韩江隐士黄澄清书

图 5—16　石壁题字，年份不详（2017 年 2 月 12 日摄）

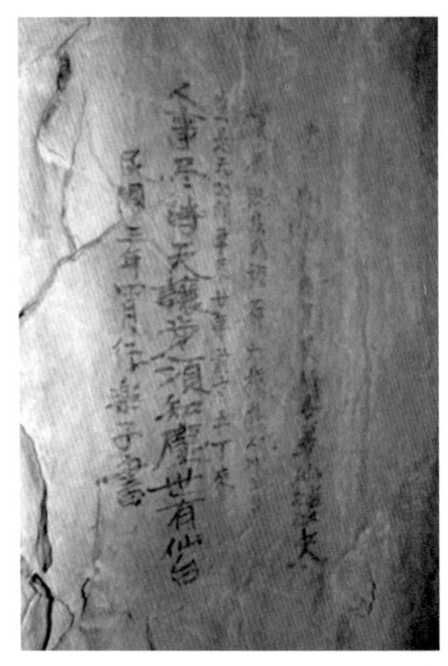

常〇海〇有蓬莱骚客寻仙结伴来
巉岩怒出非顽石 如揖游人入上台
岂是天公辟草莱 廿年前有五丁来
人事尽时天让步 须知尘世有仙台
民国三年四月行乐子书

图 5—17 石壁涂鸦，1914 年（2017 年 2 月 12 日摄）

太上混元龙门宗派

敕建广东罗—浮山，冲虚观为给发派牒俾杜冒滥以整道纲事昔

祖师证果于元朝至正显是流传宗派后代子孙接续宗支或居名山洞府庵观或浪迹云游访道度牒钦奉查理凡遇省府州县关津渡口把隘处所即便执呈此牒验实放行倘不知宗派假装名山道人三五成群夜聚晓散骚扰庙宇劫财伤命之辈难辨真假但无派单者查明送官〇庶使道教籍有稽匪法难以〇混谨将五祖七真续度宗派开列于左

东华帝君 正阳帝君 纯阳祖师 海〇祖师 重阳祖师度下七

敕封长春全德神化明应邱真君名处机字通密号长春子山东登州府栖霞县人传龙门派

敕封长生辅化宗元明德刘真君名处玄字通妙号长生子山东莱州府武官庄人传随山派

敕封长真凝神元静缊德谭真君名处端字通正号长真子河南河南府洛阳县人传南无派

敕封丹阳抱一无为普化马真君名处钰字玄宝号丹阳子山东登州府宁海州人传遇仙派

敕封太古广宁通玄妙极郝真君名太古字大通号广陵子山东登州府文登县人传华山派

敕封玉阳体元广慈普渡玉真君明处一字静通号玉阳子山东登州府文登县人传仑山派

敕封清净渊真元虚顺化孙真君名不二字清净号散人浙江台州府宁海县人传清溪派

龙门法派诗曰道德通元静 真常守太清 一阳来复本 合教永圆明

至理宗识信 崇高嗣法兴 世景荣惟懋 希微衍自宁

中华民国十一年五月 十五日罗浮山冲虚观嗣龙门派第二十一代张至光授徒张理瑚给付徒孙董宗慧

本人字全竹年三十九岁身面发广东省府南海县都图甲人

天字第〇拾九号引进保举师〇宗智 此牒存放于马来西亚霹雳州怡保市江沙路三英里龙头岩紫云洞内海云派李修清道人珍藏第四世第五任主持

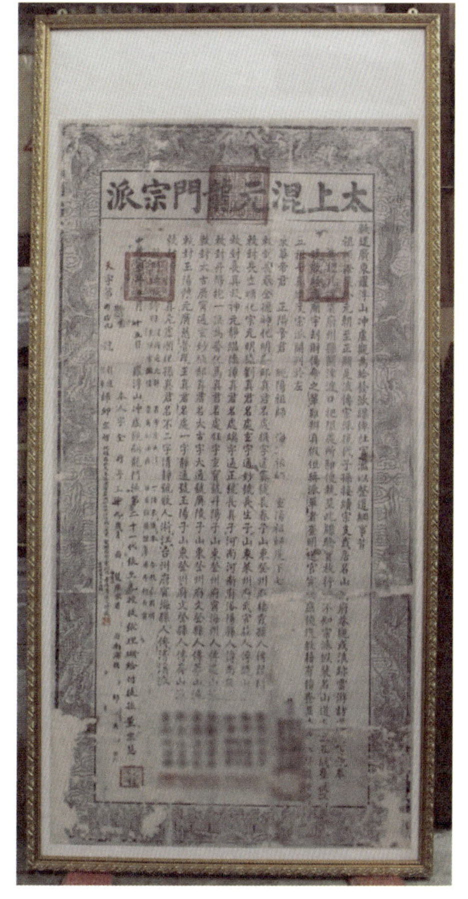

太上混元龍門宗派

图 5—18 度牒，授于 1922 年

（2017 年 1 月 21 日摄）

（循庙方要求，以下理事名单从略）①

① 王敏仪、林诗萍整理度牒文字。

神主/墓园

道教墓园

龙头岩紫云洞正对面，有一个道教墓园。根据李永球的说法，此墓园是马来西亚唯一的道教墓园。[①] 墓园内共有 14 个墓碑[②]，年份介于 1920—1980 年（表 5—1）。此墓园面向天公殿，里头除了有海云派开山祖师钟善坤道长的墓碑之外，也有徐法来道长、邓法钦道姑等历任主持及其他受戒弟子的墓碑。

此墓园依山傍水，风水绝佳。青山绿水是人们普遍向往的优美环境，也是好墓地的基本原则，反映在风水学说里的就是“山主人丁水主财”，意思就是择山，可以令后世人丁兴旺；择水，可以令财源滚滚。但道士与普罗大众有别，他们一般择墓只求能入土永安。

在龙头岩的众多坟墓中，钟善坤道长的墓碑最为特别。钟善坤道长的墓是传统的石灰封盖墓龟（图 5—19）。这种墓是传统的客家墓。此墓建于 1933 年，墓碑连同墓顶做成类似牌楼面，四柱三间，即中间的屋顶高，左右两边屋顶低，墓前有砖砌石灰造的门鼓石（图 5—20）。此门鼓和墓龟上有最能代表道教的八卦图样，彰显钟善坤道长道士的身份。此外，坟墓的屈手上还有寓意着吉祥、长寿的凤凰、白鹤、狮子等瑞兽图样。[③]

墓地碑文

表 5—1　　龙头岩道教墓园内的墓碑

序号	墓主	籍贯	性别	出生年份	逝世年份	立碑年份	立碑人
1	林淑爱	顺邑	女	—	1935	1937	—
2	钟善坤		男	—	—	1933	门徒
3	陈汝容	番禺	男	—	1935	1935	儿子元城女儿宝莲

① 李永球：《中国海外首支全真道派系——马来西亚及新加坡东华山海云派之调查研究》，《第一届马来西亚华人研究双年会论文集》马来西亚华社研究中心 2013 年版。

② 由于时值岁末，墓园杂草丛生，无法完全勘查所有的墓碑，故只记录 13 个。

③ 感谢陈耀威先生特别评审“道教墓园”这小节的内容。

续表

序号	墓主	籍贯	性别	出生年份	逝世年份	立碑年份	立碑人
4	黎发秋	番禺	女	—	—	1947	女儿徐妹
5	邓法钦	—	女	—	—	1951	徒众
6	卢门李好	东莞	女	—		1964	—
7	潘门邹孺人	—	女	1924	1968		—
8	林门陈氏	罗定	女	—	1977	—	—
9	陈门徐妹	番禺	女		1979		子孙
10	邓法钦徐法来		女男			1980	徒
11	简贵生曾三娇	广东新安	男女	1892/1900	1984/1988	—	大房子孙
12	李真祥	英德	男	1918	1986		子孙
13	钟水清	梅县	男	1909	1987		子孙
14							

图 5—19 龟背坟墓上的八卦图（2016 年 12 月 24 日摄）

图 5—20　钟道长坟墓前的八卦图样门鼓石（2016 年 12 月 24 日摄）

洞内神主

除了《德建名立》石碑、墓碑以外，龙头岩内的长生禄位也是该洞的历史文物。这些木质长生位和神主牌，一般属于在洞内服务过的道长，对开辟龙头岩有功的善长仁翁、皈依信徒，或是一些普通信众。值得注意的是，南道岩开山祖师卢善福、龙头岩开辟功臣林六经等人的长生位也在其中。这些长生禄位的年份久远大多已不可考，少数年份明确的长生位中，以赵寅清与郑安人的双人长生牌年代最久，前者生于道光辛丑（1841）年，故于光绪庚寅（1890）年，后者生于道光庚戌（1850）年，故于民国甲寅（1941）年（图 5—21）。[①]

图 5—21　赵寅清与郑安人双人长生牌位（2016 年 12 月 24 日摄）

① 虽说赵翁故于 1890 年，但笔者无法定论长生牌位立于该年，因为这长生牌位也有可能是郑氏在 1941 年故时放立的。

庆 典

研究工作进行期间，龙头岩很少有举办大型庆祝活动。所有的庆诞都尽量以简单的形式进行，其中包括上元、中元和下元。

李修清道长及刘圆兴道长受访时表示，庆典最重要的是心诚，而不是形式。因此，在龙头岩举办的庆典注重科仪的完整性及庄严度，而不搞吸引人群的噱头。不管是什么庆典，龙头岩都不会有乩童扶乩、扶鸾等的活动。[①]

管理制度

龙头岩在1963年成立理事会，由刘伯群和黄健臣担任副主席。龙头岩于1999年重新注册，理事会也进行人事重组。1999年后的理事会，每两年换届改选，并由李修清道长担任永久主席。[②] 一般来说，庙宇事务都全权由李修清道长打理。

传说轶事

王灵官的失而复得[③]

20世纪70年代，王灵官的神像遭盗窃。当时，李真祥道长对此事毫无头绪，他完全不知道盗贼是谁，出于什么目的偷了王灵官的神像，将神像藏匿于何处。在毫无线索的情况下，要将盗贼绳之以法简直是海底捞针。李真祥道长虽然难过，却不得不接受。在盗窃事件发生不久后的某一天，当时还年幼的李修清道长在门口看到一人，此人汗流浃背，很费劲地

---

① 2016年11月9日，李修清道长及刘圆兴道长受访于龙头岩。刘圆兴道长为龙头岩海云派第五代弟子，道名刘大辉，全真龙门派第十九代弟子，道名刘圆兴。他引述第四十三代张天师“道门十规”中说：“圆光，附体，降将，附箕，扶鸾，照水诸菌邪说，行持正法之士，所不宜道，亦不得蔽惑邪言，诱多害道！”

② 2016年11月9日，李修清道长受访于龙头岩。

③ 同上。

将一座神像移到紫云洞。李修清道长定睛一看，发现此人手中的神像竟然是不久前失窃的王灵官像！李修清道长又惊又喜，却也疑惑万分。他还未问个明白，此人就先发言，他虚弱地说："你别问那么多，先帮我将神像送到原属的神台上。"

最后，李修清道长才知道，原来此人就是偷走王灵官像的盗贼。他想将王灵官像偷回家求"真字"，[①] 希望以此致富。结果，真字不但没到手，反而梦见执鞭的王灵官大力抽打他，要他把神像送回龙头岩，否则将命不久矣。此人一开始还不信邪，并没将神像归还。没想到，接下来每晚他都做同样的梦，身子也越来越孱弱。没办法之下，他才将神像物归原处。神奇的是，当他将王灵官像归还后，便不再发遭鞭打的梦，身子也逐渐恢复健康。

神奇的符

李真祥道长的道术和医术都非常高明。他在世时，时常运用道医二术替人治病。曾经有一名女善信，月事不调，血流不止。在四处投医，情况却无好转之下，她无奈前来向李真祥道长求助。李真祥道长给她一道符，让她贴在身体上。说来神奇，女善信照着真祥道长的指示去做，怪病就好了。

庙内的"长辈们"[②]

李玉英女士（1971— ）念小学时就已经认识李修清道长。每一年李女士的母亲都会带她到士拉央自在宫补运。2000 年，李修清道长接手龙头岩后，李女士每年都会到龙头岩去请道长帮忙补运。2002 年 2 月，李道长将李女士收为干女儿，当日早上，李女士拜祭了道长的祖先和祖师爷，一切都很平安。

晚上 10 点 30 分左右，李女士在房里和道长说话，突然觉得自己身体僵硬了，无法发出声音，只有眼珠可以转动。李女士表示："我感觉我被

---

① 指通过神明、梦境或灵感而取得可能中奖的博彩号码。

② 2016 年 11 月 25 日，李玉英女士接受 Whatsapp 访问。

人摸脸摸了三下，再拍一拍我的手，过后我就能动了。我能动之后的第一个反应就是跟契爷（干爹）说庙里有鬼。我不要在庙里睡。”但李道长怎么会相信庙里有鬼呢？他要李女士别乱说话。这次道长还没说完，李女士的身体再次僵硬，不能说话了。“我感觉我被摸了头三下”，李女士说道。这一次，道长终于有了感应。他让李女士到楼下拜拜祖师爷，并请“他们[①]”不要再捉弄李女士。

祖师爷的惩罚[②]

李女士每次到龙头岩，一旦忘记向祖师爷叩头，必然会有怪事发生。她左膝盖在 1994 年动过手术，旧伤并没有完全复原。每次，只要她到龙头岩没有向祖师爷叩头问好，就会跪跌在天公殿的楼梯口，而且是下跪式的跌倒。每次一跌倒，膝盖又红又肿，甚至痛到不能走路。一开始李女士还固执不肯点香，但连续 10 次这种“惩罚”后，她每次到龙头岩都会乖乖地给祖师爷上香了。

八卦鱼[③]

紫云洞前有个鱼塘，以往养了很多非洲鱼。奇怪的是，每次有人要抓池塘里的鱼，都空手而归。李女士写道：“我每次看那些要抓鱼的人都很难抓到鱼。用渔网捞也捞不了多少只鱼，我说他们要抓鱼来吃却不肯把鱼喂饱才抓 。可是每个人都说有呀！但喂了也还是抓不到。我就撒了一大罐的鱼料下去，就说我现在要抓你们了。谁要死就进网，结果真的一网下去就捞了 20 多条鱼上来。有时我走下池塘的梯级，只要双手拍打水面，就会有鱼自动游到我的手给我捧上来。”[④] 之后，每当有人想吃池塘里的非洲鱼，都会请李女士抓鱼，因为唯有她，才能抓到池塘里的鱼。有一次，当李女士要抓池塘里的鱼时，鱼儿们突然游成一个阴阳太极图。此时，李女士就感应到，不能再抓这些鱼了。从此，无论是谁要求，李女士

---

① 李女士表示，拜拜的地方是天公殿置放神祖牌的地方。这个地方置放的是开山祖师、功臣们和一些皈依弟子们的神祖牌。李女士自己也不确定“他们”是谁。

② 2016 年 11 月 25 日，李玉英女士接受 Whatsapp 访问。

③ 同上。

④ 同上。

都不再抓池塘里的鱼，连道长也不再让任何人去抓这些鱼了。

道观里的戒律[①]

道观里的戒律严谨，每位道长都需要谨遵戒律，约束自己的生活作息。祖师爷钟善坤仙逝后，龙头岩内无人主持，宫观内的道士开始出现纪律上的问题。一次，他们一时兴起，在应当就寝的时间下棋。正当大伙儿玩得兴起的时候，突然有一位道士制止大家继续玩下去。原来，那道士看到祖师爷，正站在下棋的道士身后，静观他们下棋呢！

带财的白蛇[②]

根据李玄生道长口述，龙头岩内曾经出现一条呈象牙白色，身上有黄色环带的金角带蛇。20 多岁时，李玄生道长初见这条蛇，当时它只有五尺长。这条蛇都不曾攻击庙内道长和信徒们，双方都平安共处。这条蛇每十年都会出现在龙头岩一次。每次，有幸遇到这条蛇的信徒们都会幸运获得横财。渐渐地这条蛇的名气越来越大，因此，有印度裔信徒想带生鸡蛋来供养此蛇。道长们担心这样会使这条蛇越来越靠近道观，而可能伤害到其他人，因此用棍子将它赶走。说也奇怪，这条蛇匍匐爬上 180 米高的山，只需要五分钟而已。之后，这条蛇在怡保紫德阁附近被其他人抓走，就不曾有人看到它的踪迹了。

---

① 2016 年 11 月 25 日，李玉英女士接受 Whatsapp 访问。

② 同上。

Chapter 6: Nam Thean Tong

Liow Min Wei

Nam Thean Tong: One hundred years of heritage and legend.

Located at Gunung Rapat, Nam Thean Tong was originally known as Nam To Yin, registered in 1897. It was founded by a Taoist priest, known as Master *Gong Shan De* (龚善德) but its founding year remains unknown. The temple's oldest relic is an old bell molded in 1899. The Trustee Committee, formed in 1973 by the fourth generation successor, Master *Zheng Li Ji*, began to take charge of the temple in the later years when it was left with no successors. The temple's interior layout, architectural structure and statute arrangementhaveretained most of its original conditions for centuries. Thus, it is considered one of the few cave temples which has succeeded in maintaining its original condition.

Despite renovations, Nam Thean Tong's main hall still reflects its solemn aura. A climb up narrow, wooden stairs on the left hall is akin to a journey down a time tunnel. The pavilions erected since Master *Gong*'s period in the "*Chang Sheng* Temple" and "*Kunlun* Mountain" on the second and third floor respectively and other sections have been retained. The temple's wooden statuesof deities in peculiar shapes which ranges from two to four meters remain well preserved. It also contains the largest number of statues of female deities among the cave temples in Ipoh. Given the temple's Taoist inclination, an integration of three religions (Confucianism, Buddhism and Taoism) has been pursued although Taoist deities enjoy a higher prestige. This integration is demonstrated through the existence of typical deities of "Confucianism" and "Buddhism" on the side hall, followed by the "*San Jiao Dian*" (The Hall of Three Religions) which is designated to worship all deities of the three set of beliefs.

Master *Gong* was the 18th – generation successor of the *Quanzhen* (Complete Reality) Taoism's Longmen (Dragon Gate) School. Having hailed from Huizhou in Guangdong province in China to Ipoh, Master *Gong* established Nam Thean Tong, preached Taoism and provided medical treatment to the people. His life was one filled with various legends and his Taoist reflections were realized in the form of poems and inscribed on the wooden walls of the "*Chang Sheng* Temple" and the "Kunlun Mountain". The inscriptions contain about five thousand words and his written legacy followed by other forms of religious practice are meant to be passed down to the later generations.

第六篇

南天洞

——百年道观的遗迹和传奇

廖明威

基本简介

南天洞（马来文名：Tokong Nam Thean Tong）（图 6—1），本名南道院（Nam To Yin），位于昆仑喇叭，由龚善德道长创立，创立年份已不可考。南道院在 1897 年注册（图 6—2），道观的最早文物为 1899 年铸造的古钟。南天洞龚善德道长，是全真道龙门派第十八代传人，他从广东惠州来到怡保开山传道，一生充满传奇故事。南天洞传承到第四代传人郑理吉道长时，于 1973 年成立保管委员会，后因无人继承郑道长衣钵，便由保管委员会维持庙宇香火。洞内的摆设、建筑结构、神像位置等，历经百年，大部分依旧维系原有样貌。至今，可谓怡保区内保存的文物最丰富的洞穴庙宇。

南天洞内至今仍保存相当牢固的木质建筑，除了正殿有经过大幅翻新，二楼的“长生宫”、三楼的“昆仑山”等部分仍然保存龚善德道长时期留下的楼阁。洞内也保存了年代久远的木质神像，高度从两英尺余到四英尺余不等，造型奇特。大多数神像皆盘坐于太师椅上，手持印章，和一般庙宇所见大不相同。作为一个道观，南天洞内敬拜神明固然以道教为尊，却也秉持“儒释道”三教一家的理念，洞内也可见到“释”“儒”

两教的代表神像，洞内亦有“三教殿”等部分便是以供奉三教神明为主。

图 6—1　南天洞外观（2017 年 1 月 20 日摄）

EXEMPTION UNDER THE "REGISTRATION OF SOCIETIES ORDER IN COUNCIL," No. 8 OF 1895.

No. 60.—It is hereby notified that the Chinese Temple, "Nam To Yin," is, by order of the British Resident, under Section 3, sub-section (*b*) of the aforesaid Order in Council, exempted from registration.

22nd January, 1897.

图 6—2　《霹雳政府宪报》1897 年 1 月 29 日，第 1 页

位置简介

南天洞位于务边路三英里半处，占地约两英亩，与三宝洞、灵仙岩等岩洞庙宇毗邻。

洞外建筑大多为保管委员会所设立，包括洞口右侧的观音像、水池、拱桥、亭子、健康步道等，还有新建好的 30 英尺高太上老君塑像。

进入洞中，便可见前洞的正殿，由左到右供奉着协天宫的协天大帝

（关帝）、诸圣宫的吕祖先师、上清宫的太上老君、紫微宫的玄天上帝、及玉皇宫的玉皇大帝[①]（图 6—3）。正殿阶梯的下方，则配祀财帛星君、西皇祖母、观音佛母等神像。

图 6—3　南天洞正殿（2017 年 1 月 20 日摄）

正殿左侧，有一个空间用以摆放神像，包括太上老君、太白星君等（图 6—4）。此处的多个小岩穴内，亦摆放神像和神明牌位，如“东海龙皇”等。

通过正殿左侧的走道，则可通往后洞，或称三教殿。三教殿位置空旷，曾用以举办宴席。殿内供奉儒释道三教代表：孔老夫子、太上老君和如来佛主。[②] 殿内右侧则供奉诸神牌位及佛教神像。殿内左侧则供奉南天洞历代祖师神位。殿内的观音菩萨壁画和弥勒佛壁画，皆是保管委员会成立后绘制的。

---

① 据学术审查严家建博士的看法，道教应尊称“玉皇上帝”，但南天洞神牌上刻的是“玉皇大帝”四字。

② “如来佛主”是南天洞为该神像设定的原名。

图 6—4　正殿左侧平台的神像（2017 年 2 月 9 日摄）

后洞洞口有一八卦形状的木质拱门，门上题的“三教殿”及对联“三清传秘诀，教主渡凡间”，可能是杨至汉道长手修①（图 6—5）。洞口附近有石阶可通往洞内高处，石阶下的通道则可通往洞外，通道平日关闭，目前还有人居住，也是过去道长居住之所。后洞洞口外，则安放开山祖师龚善德道长和他人的合葬墓，墓碑上写“龚公、张公、黄氏合之坟墓”。

图 6—5　三教殿殿门（2017 年 1 月 20 日摄）

① 杨道长留下的记录中提到自己手修“二殿大门”，二殿应该就是后洞三教殿。

后洞112阶的台阶“百步梯”，是杨至汉道长亲自开辟，可通往南天洞高处的洞穴。洞穴内几乎一片漆黑，部分本质阶梯还会因游客的重量偶尔吱吱作响，甚至摇晃。阳光透射进来的洞穴边缘，可看见一些荒废了的木质支架，以及疑似曾用以安放神主的木架。然而登上南天洞的最高处，却可看见一个巨大的洞眼，阳光自此直射而入，也可算是自然奇观（图6—6）。

图6—6　南天洞的最高处的洞眼。本书摄影邓汶康正在拍摄，王敏仪正往外探索（陈爱梅摄于2017年2月9日）

平时游客多不曾留意，正殿的左侧有阶梯可通往前洞的四层楼阁，也是洞中的重要部分。登上窄小的阶梯，灯光暗淡，遂有寻幽探古之情。此四层楼阁至少有110多年的历史，木板墙壁上皆有龚善德道长的亲笔题字和落款，证明楼阁的年代久远。这些楼阁皆是木质，于峭壁之上凿洞并用木条支撑建成（图6—7）。由于阁楼依洞内山势建成，神殿四周皆是石笋和钟乳石，形状奇异，引人入胜。第一、二层楼阁目前空置，第三、四层楼阁则用以安放神像。外部观来，第二层

图6—7　南天洞楼阁的木楼梯等建筑（2017年2月9日摄）

楼阁外有“南天洞”匾额，隐约还可见到龚善德道长的题诗和对联，可惜被洞口的门楼挡着，难以窥见全貌。第三层分为“长生宫”和“南仙洞”两处，第四层则称作“昆仑山”。

图 6—8　昆仑山的道君殿（2016 年 12 月 24 日摄）

图 6—9　昆仑山的天师庙（2016 年 12 月 24 日摄）

内部观来，第三、四层楼阁更为复杂。“长生宫”和“南仙洞”目前空置。沿着“南仙洞”走上阶梯，可看见“十皇殿”，里面供奉各神仙的木板画像及牌位，牌位架上对联为“阎皇十殿增福寿，君帝开恩赐道人”。十皇殿门口右侧，有另一个小房间，门上匾额为“二九乾坤”。十皇殿再往内走，可通过“仙佛门”，到另一小洞，洞内供奉拿督公。“昆仑山”位于“长生宫”正上方，分别有供奉儒释道三教代表的“道君殿”、供奉张天师的“天师庙”及供奉鸿钧爷的“鸿钧殿”（图6—8至图6—10）。

图6—10　昆仑山的鸿钧殿（2016年12月24日摄）

庙宇简史

根据南天洞保管委员会，南天洞创立于1867年，至2016年已有149年的历史。但由于没有证据证明，南天洞真正成立的年份至今已不可考，只知南道院在1897年向英殖民政府注册。目前见于庙宇历史的文物，只有铸于1899年的南道院古钟，以及龚善德1905年写于长生宫的文字。据1988年的《南天洞创立120周年纪念特刊》，龚善德是自1879年便已开始担任主持。[①] 类似的记载还有很多，但具体年份却大多不同，甚至可能差距10年以上：

1.《特刊》第32页转载《民生报》报道称龚善德创办南道院年份为1867年，1869年在南天洞立基。

---

① 《南天洞略历》，《南天洞（南道院）创立120周年纪念特刊》，1988年，第30页。

2.《特刊》的南天洞略历记载，“南天洞立基于一九七九年”。此处“一九七九”是1879年的误称。

3. 何焕喜《献辞》，称南道院于1867年创立，但龚善德道长却是1879年才担任主持。[①]

4. 1950年9月18日《南洋商报》刊登的一篇游记转载了和当时主持的访谈，称龚道长是“八十多年前”抵达怡保的，也就是1870年前后。[②]

这些资料难免令人混淆。单是《特刊》内的各处文章，即上述其中的三份资料，记载的南天洞创立年份都不一样，甚至连龚道长是否是南道院创立时最早的主持都莫衷一是。据笔者推断，南天洞保管委员会声称的创立年份，是取自上述资料中最早的年份，而上述资料所依据的年份，应只是何焕喜等人凭模糊记忆所记下的。20世纪50年代的主持杨至汉道长也只是声称龚道长是“八十多年前”抵达怡保，无法提供具体年份。1867年作为南天洞创立年份，说不定是以讹传讹的产物也未可知。

另一方面，陈爱梅2014年曾到南天洞进行研究，并摄下南天洞保有的龚善德道长于广东罗浮山冲虚观获得的度牒（图6—11）。[③] 度牒写道：

> 光绪二十七年七月吉日，罗浮山冲虚观嗣龙门派十柒代弟子余教耀给付十捌（八）代弟子龚善（永）存此言语。
>
> 本人子善德年，　三十二　岁。[④]

“光绪二十七年七月”，也就是1901年[⑤]，当时龚善德才“年三十二”。当时习俗的岁数是以虚岁计，在同治九年（1870）所生的龚道长，又怎么可能在19世纪六七十年代于怡保创立南道院呢？更何况，怡保在

① 何焕喜：《献词》，《南天洞（南道院）创立120周年纪念特刊》，1988年，第8—9页。

② 梦笔：《怡保南天洞的开山祖》，《南洋商报》1950年9月18日，第9页。

③ 2016年至2017年，研究团队数次访问南天洞，但已不见度牒原件。

④ 龚善德的度牒是陈爱梅博士于2014年1月25日访谈南天洞时所摄。此段文字由霹雳洞洞主张英杰先生帮忙辨识。

⑤ 此度牒的年份还早于南道院古钟铸造年份。合理推断，龚善德很可能不在冲虚观出家，而是另有师承，南道院成立以后，龚善德才从冲虚观学道，并获授度牒。南天洞传人仅有明、至、理三个字辈，可能因为龚道长本来修道时属“圆”字辈，后来虽然已拜余教耀为师，但还是按原来辈分授徒传法。

1880 年以后才开始成为重要城镇，龚善德道长此前就到来怡保的可能性其实不大。况且，何焕喜先生在《特刊》的《献词》转述了自己听来的传说，指龚善德道长曾医治了当时的慈善富商胡子春，以及锡矿商的胡石之母，才获得资助修建南道院。[①] 若此说法属实，按胡子春发迹的年岁推断，南道院第一次大肆修建最早也要在 1890 年以后，这也符合了南道院注册和洞内古钟的铸造年份。因此，不仅从龚善德的出生年份推断，南道院的成立时期不可能在 19 世纪 70 年代，据南道院成立的故事，南道院也不太可能成立于 19 世纪 70 年代。无论如何，除了可以确定南道院成立于 1897 年以前，南道院的确切成立年份，恐怕已无从考证了。

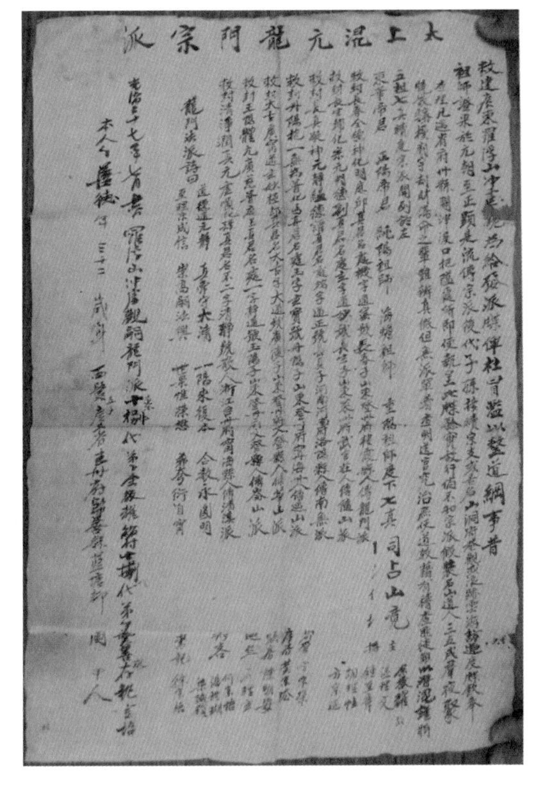
太上混元龍門宗派

图 6—11　龚善德度牒

（陈爱梅摄于 2014 年 1 月 25 日）

由于龚善德道长悬壶济世，医术高明，南道院自创建以来都香火旺盛。龚善德道长仙逝以后，由其子龚声扬道长接任主持，后再由第三代弟子杨至汉道长接任。除了在日据时期被迫关闭，南道院一直以来都是区域内的重要道观和旅游观光之所，其代表性和独特之处也受英殖民者留意，也因此档案局内藏有颇多的南天洞照片（图 6—12 到图 6—15）。20 世纪 60 年代，第四代传人郑理吉道长曾让出后洞予来自台湾的慈宗法师开设佛寺，但后来慈宗法师因事离开，此事也不了了之。

---

① 何焕喜：《献词》，《南天洞（南道院）创立 120 周年纪念特刊》，1988 年，第 8—9 页。

图 6—12 一张旧明信片上的南天洞（马来西亚国家档案局典藏，编号 2002/0019936）①

① 此档案局图片无简述记载，故取其题目："MALAY PENINSULA-THE RESIDENCY，ROAD THE CAVES & CHINESE TEMPLE IPOH，T. T" 供参照。

1968 年，受州政府谕令，南天洞正式注册，1973 年保管委员会成立①，由吴典出任第一任主席。② 1988 年，郑理吉道长逝世，南道院道脉失传。1991 年 2 月 14 日，社团注册局正式通过保管委员会的申请，将“南道院”（Nam Toh Yuen Temple）改名为“南天洞保管委员会”（Nam Thean Tong Temple Management Committee）。南天洞便由保管委员会接管，直至今日。③

图 6—13　南天洞旧照片之一，此时洞外尚有水池
（马来西亚国家档案局典藏，编号 2001/0050129）④

---

① 朱宗贤：《怡保南天洞》，《怡保城乡散记》，燧人氏事业有限公司 2007 年版，第 122 页。

② 是否由吴典出任第一任主席，有些记载也有出入。朱宗贤写到“何焕喜、吴典先后主持”，《南天洞（南道院）创立 120 周年纪念特刊》却记载吴典是第一任主席，委员会会议厅也写明吴典为第一任主席。此处以《特刊》记载为准。

③ 本文参考了中国社会科学出版社宋燕鹏教授的《丘逢甲南洋诗歌“南道院”考》（《韩山师范学院学报》2017 年第 4 期），谨致谢忱。

④ 档案局图片英文简介：“Chinese Temple，Kelian Pauh ，Taiping. G. 94（NG. 94）”，即“太平市 Kelian Pauh 的华人寺庙，G. 94（NG. 94）”。简介虽写太平，但图片是南天洞无疑，应是记载有误。编号 2001/0050129。

图 6—14　南天洞旧照片之二（马来西亚国家档案局典藏，编号 2001/0051213）①

图 6—15：南天洞为主制成的明信片（马来西亚国家档案局典藏，编号 2001/0063277）②

---

① 档案局马来文简介：“Gambar menunjukkan Tokong di dalam gua di Ipoh. G. 21022（N. 88/87）”，即“图片显示怡保一所在山洞内的华人寺庙，G. 21022（N. 88/87 ）”。这张照片中依稀能看到“南天洞”和“峻极于天”的题字，霹雳洞洞主张英杰先生说他曾见过这些题字，且印象深刻，但研究团队到访时已见不到相关题字。

② 档案局马来文简介：“Gambar menunjukkan Tokong Cina yang terletak di dalamgua，di Ipoh. G. 21036（N. 102/87）”，即“图片显示怡保一所在山洞内的华人寺庙，G. 21036（N . 102/87）”。

供奉神明

正殿

南天洞正殿分为五个主要部分。上清宫供奉主神太上老君、协天宫供奉协天大帝（关帝君）、诸圣宫供奉吕祖先师、紫微宫供奉玄天上帝、玉皇殿供奉玉皇大帝。正殿五个部分共有五尊高达六英尺的坐像，且每尊大型坐像前，都有至少一尊小神像（图6—16）。

诸圣宫前的小型神像是童子形象，手持芭蕉扇、木剑等法器。上清宫则安放一尊太上老君和左右各一尊身穿袈裟、僧冠的佛教代表。紫微宫安放两尊头戴纶巾的神像，其中一尊手持书卷，一尊手持木剑。玉皇殿的小神像则是玉皇大帝本身，身穿华丽龙袍，头戴皇冠。

所有的小神像皆高两英尺半左右，宽一英尺有余。

图6—16　南天洞正殿太上老君像和三尊木质神像（2017年1月20日摄）

后殿

后洞的三教殿供奉儒释道三教，其中道教神像居中，儒教神像在居右，佛教神像居左。道教神明手持拂尘，穿戴道袍道冠；儒家圣人头戴纶巾，手持书卷；佛家圣者手持“如来佛主敕令”印章，身穿袈裟，手持念珠。道教神像高三英尺，宽一英尺四寸；儒、佛圣哲则高二英尺二寸，宽一英尺八寸（图 6—17）。

后殿壁画则绘有地藏王菩萨和闵公、道明（尊者），以及伽蓝、韦陀两位菩萨。

后殿亦安放许多神明牌位，有十二个木牌，写满诸圣诸仙称号，如四海龙王、、福德星君、女娲圣母等。

图 6—17　三教殿正方三尊木质神像（2017 年 1 月 20 日摄）

正殿左侧平台及各处

正殿左侧平台共有二十尊神像，或站立，或端坐太师椅，或盘腿椅上。神像衣着颜色皆是金色，面容则呈红褐色。神像多数手持印章，或有印章放在太师椅上，另一手或结法印，或持酒杯、法器。木像雕工细致，许多神像的衣服的纹理至今依旧清晰可辨。诸神像大小雷同，大多高二英尺三寸到二英尺十一寸之间，宽一英尺有余（图 6—18）。

较大的四尊神像，分别是作儒释道三教形象的神像，高四英尺七寸，宽近两英尺。另一尊神像，则端坐虎纹太师椅，身穿官袍，头戴官帽，手持朝笏，高三英尺余，宽近两英尺。

另外，正殿各处小洞皆有安放神像，供奉诸如财帛星君、千手观音、观音佛母、西皇祖母、海龙王等诸神。

图 6—18　正殿左侧平台，其中一尊盘腿而坐的神像（2017 年 1 月 20 日摄）

昆仑山

昆仑山分别有供奉儒、释、道三教的“道君殿”、供奉张天师的“天师庙”及供奉鸿钧爷的“鸿钧殿”。神像造型与正殿、后殿的小神像相似，大小亦然（图 6—19）。

图 6—19　昆仑山神像（2017 年 1 月 20 日摄）

十皇殿

此处安放众神明画像及神主，造型各异（图 6—20），有许多少见的神祇。此处附近亦有供奉拿督公的小洞穴。

图 6—20　十皇殿内的画像及手写神主（2017 年 2 月 9 日摄）

历任主持

开山祖师龚善德道长

龚善德道长，广东省惠州府归善县蓝塘人[①]，客家人，系全真道龙门派第十八代“永”字辈传人，师承广东罗浮山冲虚观嗣龙门派第十七代弟子余教耀。[②] 据其度牒及《特刊》的记载，龚道长生于 1870 年，卒于 1914 年。但其生卒年有许多可疑之处，若龚道长 1870 年才出世，何以杨至汉道长的回忆[③]、南天洞的官方创立年份，都是 19 世纪 70 年代？只能说其生年的记载都未必可信，仍有待考证。

① 根据龚善德道长的度牒，2014 年 1 月 25 日陈爱梅教授摄录。

② 同上。

③ 梦笔：《怡保南天洞的开山祖》，《南洋商报》1950 年 9 月 18 日，第 9 页。

龚道长能诗能书能画，至今仍能在南天洞看见其许多诗书画作。前洞四层楼阁上的木质建筑，墙壁上满是传道诗歌和壁画。其中，又以“长生宫”和“昆仑山”两处墙壁上的文字和壁画最多。长生宫内有39首以“梦里惊道眼”开头的传道诗歌，昆仑山则分别有《行道百字训》《孝弟忠信礼义廉耻八劝》《富贵贫贱鳏寡孤独八叹》《兹将修道法例普度贤良十二首》《叹五更七绝五首》，另还有龚道长手抄杜牧《赤壁》《将赴吴兴登乐游原》及李白《与史郎中钦听黄鹤楼上吹笛》诗句。全部文字由龚善德道长以整齐、清隽的行书写就。从长生宫诗句落款“天运光绪乙巳岁孟秋龚善德奉天而行书以歌”看来，壁上诗歌写于1905年，至今已有百年以上历史。虽其他地方的作品未写明年份，但估计也是同一时期的作品。

从龚道长留下的诗词中，也可以窥见龚道长“三教圣人话同言”的思想。在龚道长看来，儒家思想、道教思想和佛家思想是相融并济的，虽然修行方式仍以道教为主，但也不排斥儒家和佛家的价值观。他的诗歌大意皆劝信徒放下红尘种种纷扰，修行真道。其中，虽然有提及道教内丹思想，如长生宫里第二首的“坎离交媾”、第三首的“铅投汞汞投铅”、第九首的“不老黄婆”等，但也有多处提及佛教的概念如第十二首的“菩提岸上无地狱”，甚至多处论“佛”，可见，龚道长的修道思想早已将佛道融合。不止如此，“三教”二字分别出现了两次，一次是长生宫第十六首里“三教圣人话同言”，另一次是《孝弟忠信礼义廉耻八劝》里“古今三教共源头”，皆明确表明其三教共融的思想。

据李永球推断，楼阁的壁画作品应也是龚道长所作①，可以窥见龚道长生前的画艺亦独具特色。壁画内容多为历史传说，如薛丁山、胡寿荣、刘邦、孔子等人的故事，壁画旁都有相关题诗，可惜壁画保存程度较诗词来得较差，许多题诗已不可见。壁画人物风格和洞内保存的木制神像、画像十分相近，极有可能都出自龚道长的手笔或设计。

李永球在文章中记载，各项传说皆声称龚道长“擅长道教科仪经仪法事，以及中医术和六壬神算，精通道教法术”②。南天洞保管委员会创

---

① 李永球：《南天洞的珍贵文物》，《星洲日报·文化空间·田野行脚》2009年5月24日。

② 李永球：《龚善德创立南天洞》，《星洲日报·文化空间·田野行脚》2009年5月17日。

立初期理事何焕喜在《特刊》的《献辞》中指出，正是因为龚善德道长曾医治了当时的慈善富商胡子春，以及锡矿商胡石之母，才获得资助修建南道院。[①] 朱宗贤《怡保城乡散记》对此事记载更为详细。朱氏写到，胡子春经龚善德医治后，只服药三次便行动如常；“华林市大富豪”胡石的母亲更是只服了四帖药剂，顽疾便马上痊愈。凭胡石捐献的修筑费，南天洞才成为怡保“三大名窟之首”[②]。

龚善德道长也与南道岩创办人卢善福道长关系匪浅。根据1925年南天洞太上老君圣诞的祷词[③]：

> 祖本宗师龚公善德、卢公善福、姚公克胜、钟公明杰、龚公讳寿、梁公讳品、龚公讳声荣、扬，列上尊神等上坛御前陲下鉴纳。

祷词将龚善德与卢善福、姚克胜、钟明杰、龚寿、梁品五人并列，并将龚善德的继任主持龚声扬[④]列在六人之下。虽然龚善德在六人中仍是被刻意放大和突出，但从祷文的排列方式可以看出，卢善福等五人和龚善德应是辈分相同，并且有同门情谊，否则五人不会被列在“祖本宗师”下。

龚道长临终的故事相当离奇，相关故事和文献已整理在“轶闻”一栏。无论传说是真是假，龚道长已安葬于后洞外的墓地。由于本来的墓碑皆为木质，经历年月以后便腐朽不堪。1973年5月，保管委员会仍未成立之时，帮忙打理庙宇的林亚花女士[⑤]将龚道长、黄氏和一名姓张的先人火化合葬。墓地至今犹存，每逢清明龚家人也会到此上香祭拜。

---

① 何焕喜：《献词》，《南天洞（南道院）创立120周年纪念特刊》，1988年，第8—9页。

② 朱宗贤：《怡保南天洞》，《怡保城乡散记》，燧人氏事业有限公司2007年版，第120页。

③ 根据陈爱梅博士于2014年1月25日访谈时拍摄下的南道院“天运岁次乙丑年十二月季冬十六吉旦”（1925）太上老君诞祷词。祷词中有注明“大英国大吡叻坝罗埠昆崙山南道院”，并写明“太上老君圣诞之期恭祝千秋坛下众弟子心虔备清香宝烛……敬献凡仪上表恭迎”。下文将以“太上老君祷词”简称之。

④ 祷词写到“龚公讳声荣/杨”（“/”是笔者所添），但尚不能确定是有龚声荣和龚声扬二人，还是龚声扬别名声荣。笔者倾向第一种说法，但此处暂且不论。

⑤ 根据2016年11月6日与罗女士的访谈，林亚妹女士乃是现任南天洞副总务罗金嵋女士的家婆（丈夫的母亲）。

龚善德是火居道士，有娶妻，并育有两个儿子。据李永球推断，其妻子极可能便是与之合葬的黄氏。[①] 按照《南天洞创立120周年纪念特刊》的《南天洞略历》，龚道长逝世于1914年[②]。若从1879年开始计算，龚善德道长担任了35年的主持后才过世。龚善德之子龚声扬，娶杨满女士为妻，并继承了父亲的衣钵，成为了南天洞第二任主持。其孙龚锦坤则不再接手道观，后迁移至吉隆坡任教。虽然龚家后代已离开怡保，但每年清明依旧会回到南天洞祭拜先灵。[③]

二世及同代弟子

相较龚善德道长，继任的第二代主持留下的事迹不多。《南天洞创立120周年纪念特刊》记载，龚声扬道长于1914年继任，直到1924年，估计也是同年过世。此后可能因资历问题，南道院由龚声扬道长的两名同辈师兄弟，黄丁道长（1925年至1926年）和赖竗卿道长（1927年至1928年）[④] 暂代任主持，直到杨至汉道长正式接任成为第三任主持（1929—？）[⑤]。

《特刊》后半部分的“开山祖师龚善德道长笔迹”影印了龚善德道长等人收徒时需写下的《进道门人上表姓名道号订明》，其中记载南道院入门弟子的姓名、道号和生辰。据此，南道院自1911年以来，至少收徒四次，现将年份和弟子名单悉录于下：

1. 宣统三年（1911）农历八月

（1）張贵长（1832—？），道号明心，广东惠州归善人，时年七

---

① 李永球：《龚善德创立南天洞》，载于《星洲日报·文化空间·田野行脚》2009年5月17日。

② 《南天洞略历》，《南天洞（南道院）创立120周年纪念特刊》，1988年，第30页。

③ 龚耀民：《南天洞与我们龚家》（http://healthylife - livehealthy. blogspot. my/2010/11/blog - post_ 14. html）。

④ 《南天洞略历》，《南天洞（南道院）创立120周年纪念特刊》，1988年，第30页。对照《特刊》后半部影印的手抄版《进道门人上表姓名道号订明》，并没有“赖妙兴”的名字，仅有字“常明”的“赖竗卿”。由此推断，文章应是基于口头传述写成，才会将赖竗卿道长名字错写成“赖妙兴”。

⑤ 二、三代传人担任主持的年份可能和《特刊》记载的年份有出入。据杨至汉亲笔记录，他是“四十三岁修道作徒弟，十年后方为主持”，推算起来是1937年才担任主持。相关内容请见记载杨道长的部分。

十九岁。

(2) 黄丁（1877—?），道号明真[①]，广东归善人，时年三十五岁。

(3) 黄昌（1868—?），道号明善，时年四十四岁。

(4) 罗名崇（1877—?），道号明行，广东连州人，时年三十五岁。

(5) 钟杰善（生卒年不详），道号明性。

2. 天运癸丑年（1913）农历四月

(1) 龚明声扬（？—1924），即第二任主持龚声扬。

(2) 龚胜（1869—?），法号玅胜，广东博罗人。

(3) 赖玅卿（1892—?），真名不详，法号玅卿，字常明，广西梧州岑溪西乡郎沙江人。

3. 民国十六年丁卯（1927）农历四月入门，民国十八年己巳（1929）上表

杨法汉（1884—?），道号至汉，广东东莞清溪人，时年四十六岁。

4. 民国廿一年壬申（1932）农历五月入门，农历七月上表

罗华（1891—?），道号理庆，广东鹤山人，时年四十二岁。

5. 庚辰年（1940）农历七月

郑方（1919—1988），道号理吉，广西玉林州北流人。

南天洞“乙丑年十二月季冬十六吉旦”（1925）的太上老君诞祷词（图6—21），也有关于南道院弟子的重要资讯，仅将相关文字悉录于下：

> 打理坛下弟子：黄明珍、龚玅胜、邱均和[②]；游民弟子：杨生合家、龚谭合家、龚秀合家、又有复上。开山祖圆首家宅，龚门信娣妇张氏，杨氏合家眷等。弟子清心、省心，稽顿首〇祈。
>
> 天运岁次乙丑年十二月季冬十六吉旦，沐恩弟子大玅卿，诚心稽顿首百〇〇〇〇。[③]

---

① 根据1925年太上老君诞祷词，当时“打理坛下弟子”是“黄明珍”居首。“黄明珍”就是1925—1926年代理主持的黄丁道长，“明真”和“明珍”可能通用。

② 此处黄明珍名字在前，龚、邱二人名字在后左右并列。此排列方式可能和当时南道院弟子的地位高低有关，故此言明。

③ “〇”代表不可辨识的字。

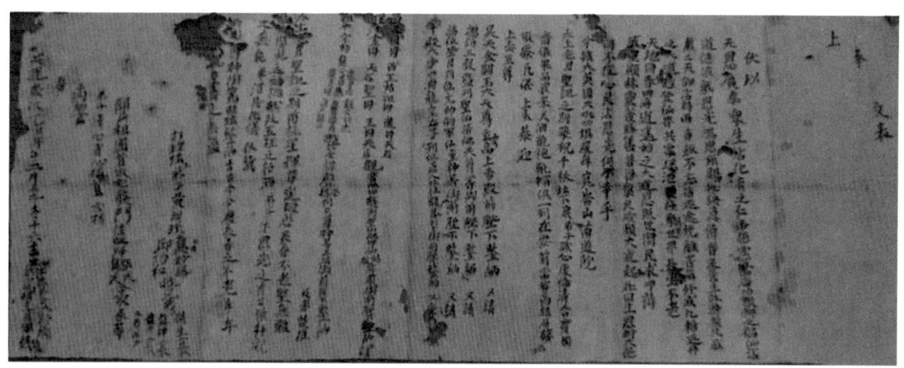

图 6—21　南道院 1925 年太上老君诞祷词（陈爱梅摄于 2014 年 1 月 25 日）

从此，我们可以得知几项重要资讯：（1）当时和黄丁道长一同打理南道院的弟子主要有龚玅胜、邱均和二人，同时有弟子如清心、省心、玅卿（赖玅卿），以及游民弟子杨生、龚谭、龚秀及他们的家人。（2）如前所述，龚善德道长育有两名儿子，据此祷词，可以推断，他们可能就是龚声荣及龚声扬，并分别娶妻张氏和杨氏（杨满）。此时龚家仍然和南道院关系密切。再加上另一位灵位和历代祖师一同供奉在三教殿的张理如①，可见，当时南道院的弟子数量并不少。

按龚善德道长的度牒，他应是龙门派第十八代弟子“永”字辈，据龙门派字辈表，“合教永圆明，至理宗诚信”，他的下一代弟子应是“圆”字辈。但南道院所收弟子，仅有“明”“至”“理”这三代，却没有“圆”字辈，因此，李永球先生才推断龚善德道长应属“圆”字辈。② 不论如何，南道院仅有四代传承，可以确定的是明字辈有张贵长（明心）、黄丁（明真）、黄昌（明善）、罗名崇（明行）、钟杰善（明性）、龚声扬（明声扬）；至字辈仅有杨法汉（至汉）；理字辈则有罗华（理庆）、郑方（理吉）二人。龚玅胜和赖玅卿二人属什么字辈，却没有写明。

---

① 根据陈爱梅 2014 年 1 月 25 日所摄，南天洞藏有记录当中，有提及张理如。张理如，福建省吉田县人，卒于 1957 年 3 月 10 日，享年 42 岁（应是虚岁）。记录记载他“修道约五年”，推算下来，是杨至汉道长过世后才来到南道院学道的。

② 李永球：《龚善德创立南天洞》，《星洲日报·文化空间·田野行脚》2009 年 5 月 17 日。

20 世纪二三十年代，南道院已成为区域内重要的旅游景点，也是文人游历的重要去处。《南洋商报》曾在 1926 年 3 月 12 日刊登诗稿《怡保南道院留题》[①]；1928 年 8 月 27 日刊登伍匡年《游霸罗南道院石岩即景》[②]；1928 年 11 月 19 日李青的《游南道院》[③]；1934 年 9 月 1 日的《艺苑续谈》[④] 同样提及南天洞。黄强出版于 1928 年的《马来鸿雪录》也提及南天洞，但却称为“南天门”[⑤]，相关记载如下：

> （南天门）在通吉隆坡之大路，距怡保三英里半，面积之广，为怡保各岩冠。中有暗洞，阴凉若冰，一入其中，烦热都消。岩中构造甚精巧，闻所费不下数万金，悉由当地殷商捐送。岩高约三十丈，分作数层，岩口分东西两面，地平如掌。登岩俯视，惟见采矿棚厂，星罗棋布，京打河流，水尽赤色。盖为两岸洗矿之水，流入河中所致，非同吾国裨史所传，谓水之赤，为流血所染也。[⑥]

“二战”期间，南天洞被迫暂停运营，但其后山因地势偏僻，成了抗日军的藏匿地点。直到抗战末期，南天洞才被日军占领。日军投降后，英军招安共产党员，南天洞的藏匿地点也被揭发。原有的抗日军不是因无从藏匿而离开，便是随着居民进驻新村。处在戒严时期的南天洞因而能持续运作，不受影响。据闻，因为曾经历战乱的时期，至今山顶上依旧可见人骨，但笔者未能亲眼考证。

---

① 《怡保南道院留题》，《南洋商报》1926 年 3 月 12 日，第 18 页。

② 伍匡年：《游霸罗南道院石岩即景》，《南洋商报》1928 年 8 月 27 日，第 24 页。

③ 李青：《游南道院》，《南洋商报》1928 年 11 月 19 日，第 20 页。

④ 黄韫山：《艺苑续谈》，《南洋商报》1934 年 9 月 1 日，第 15 页。

⑤ 笔者推断南天门就是南天洞。一，文章形容的地理方位，以及东西洞口、水涧的，都和南天洞符合。二，文章形容的庙宇构造和建庙经费来源，都和南天洞符合。三，作者排除掉三宝洞和广福岩后，将“南天门”和龙头岩、南道岩并列为怡保境内较为可观的岩洞之一，符合这个条件的岩洞只有南天洞。以往南天洞曾有一牌匾称“南天门”，作者可能因此将南天洞误记为南天门。

⑥ 黄强：《马来鸿雪录》，商务印书馆 1928 年版，第 126—127 页。感谢宋燕鹏教授协助提供资料。

第三世祖师杨至汉道长

杨至汉道长，生于光绪十年甲申四月十二日（1884），卒于民国四十年辛卯三月初三（1951 年 4 月 8 日），享年 68 岁（按虚岁计算），是南道院的第三代传人。他道名“至汉”，法号“法汉”，俗名则是勤章，又名亚三。他是广东省广州府东莞县清溪市啄木村人，本已娶妻成家，后又另在广西省贵县东井塘村娶妻生子。他的事迹大多依据他自身用毛笔写于记事本上的文字，记事本现由南天洞当局收藏（图 6—22）。据杨道长自身叙述，他修道前后的经历如下：

> 至汉广东东莞清溪人氏。年十二岁经商二粤，做水/生意。已娶妻，十四岁生子，十五岁又在广西贵县，娶第二妻，生一子。年三十岁，南来马来亚工作，四十三岁修道作徒弟，十年后方为主持，唐山有二妻二子。

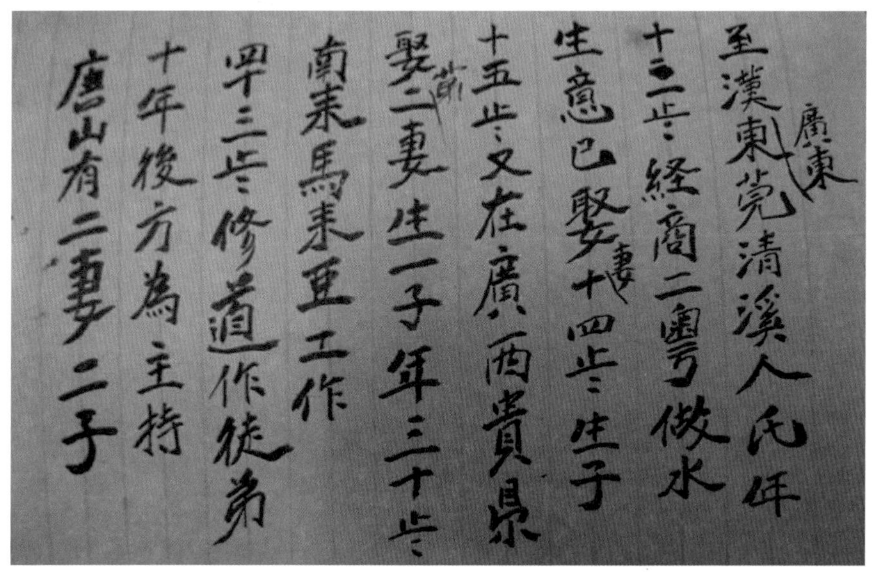
至漢廣東東莞清溪人氏年
十二歲經商二粵做水
生意已娶妻十四歲生子
十五歲又在廣西貴縣
娶第二妻生一子年三十歲
南來馬來亞工作
四十三歲修道作徒弟
十年後方為主持
唐山有二妻二子

图 6—22 杨至汉道长笔迹之一（陈爱梅摄于 2014 年 1 月 25 日）

杨道长青少年时便在两广经商，并娶妻生子，30 岁，也就是 1914 年时来到马来亚，43 岁，也就是 1927 年时入南道院修道，1937 年才成为南道院主持。按照记事本所写，他仅收过罗理庆、郑理吉两人为徒，后者更是继承了南道院，成为第四代主持。杨道长为南天洞的建设出力不少（图 6—23）。他在记事本写道：

> 至汉手修（建）地方有：百步娣；二殿大门；神龛全部有四位神：孔夫、如来、（二老君）；正殿神龛有三位神：老君、北帝、吕祖；大门坪；大小桥；水井；二大水池。

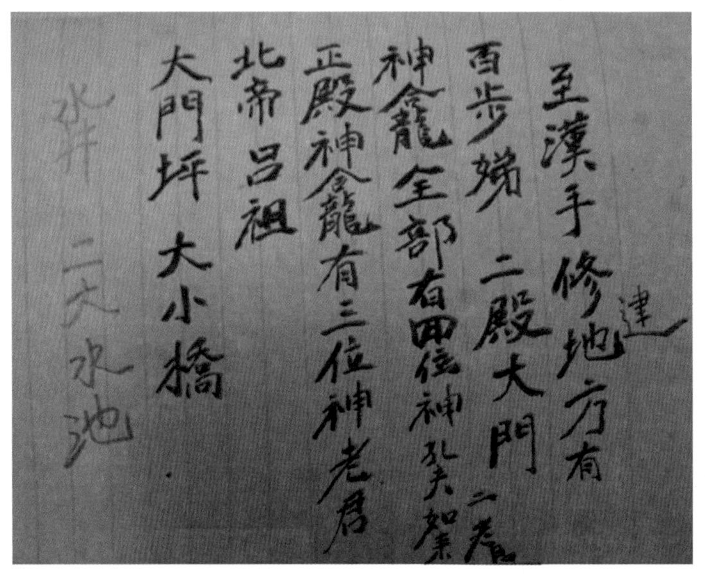

图 6—23　杨至汉道长笔迹之二（陈爱梅摄于 2014 年 1 月 25 日）

后洞的百步梯、三教殿殿门，及南道院早前的许多建筑，均是出自道长的“手修”，可见，杨道长的勤奋与辛劳。道长于 1951 年仙逝，此后便由为徒十年的郑理吉道长接管南道院。

第四世祖师郑理吉道长

郑理吉道长（1921 年[①]—1988 年 4 月 5 日）本名郑鼎馥，名桂芳，

① 按郑道长手写记录，其生于民国九年庚申十二月十一日，按阳历已经是 1921 年。《民生报》写郑道长生于 1919 年，并不正确。

《民生报》记载其本名“郑方”，应该是郑桂芳之误。郑道长自1951年以来便担任南道院主持，经历了南道院由私人资产变为公众管理的过程。

郑道长有一手写记载的记事簿，内有自身身世、出生年份等（图6—24），悉录于下：

> 郑理吉，广西省北流县隆盛墟桂岭深垪。父树伸，母刘/氏，五兄弟我，居尾。
>
> 大兄鼎强，次鼎隆，又名利生，三兄鼎岗，四兄鼎桩，我鼎馥，名桂芳。对岁，父死；十九岁，母死。
>
> 理吉生于民国九年庚申十二月十一日子时，十七岁来南洋，廿一岁修斋入道，卅二岁当家主持。
>
> 民国廿九庚辰正月十四日，入修道，为徒十年。辛卯年三月初，当主持，英历一九五一年四月份。

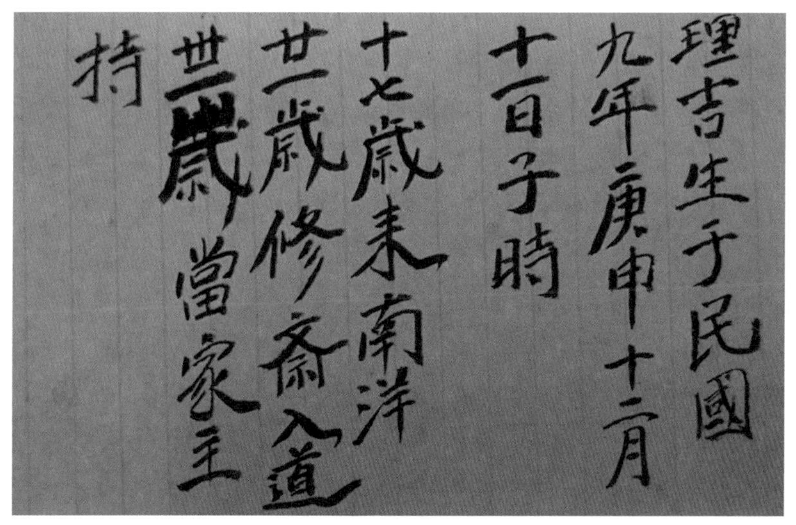
理吉生于民國
九年庚申十二月
十一日子時
十七歲来南洋
廿一歲修斎入道
卅二歲當家主
持

图6—24　郑道长笔迹（陈爱梅摄于2014年1月25日）

按郑道长手写记录，他虚岁17岁（1936年或1937年）时南下，当时刚好是中国抗日战争爆发之际。郑道长写到，他虚岁21岁时正式入道，虚岁32岁时便担任主持，这两项事项的确切日期分别是民国廿九年庚辰正月十四日（1940年3月），及辛卯年三月初（1951年4月）。

郑道长的记录仅是记录自身经历的年份，但其中的一波三折却没有陈述。《特刊》第32页曾转载1988年4月23日《民生报》的报道，其中记载了郑道长南来的故事。按《民生报》，其长兄鼎强早逝，三兄鼎岗也不幸被当时政府抽壮丁来做苦力，他的二哥郑鼎隆（别名利生）为逃兵役，来到南洋，郑道长也是在那个时候南下。[①] 这年份刚好符合郑道长所记的1937年和1938年间。《民生报》也报道说，郑道长是在一次割胶时悄然出走，从华都牙也（Batu Gajah）石门栏步行至金宝，再由金宝步行至怡保务边路的南道院，遇见当时的主持杨至汉道长，杨道长便收其为徒，[②] 当时便是1940年。他的二兄得知弟弟失踪以后，寻访不果，以为郑理吉被老虎袭击，遂放弃寻访回到中国故乡，直到郑理吉道长担任主持后，两人才重新有往来，郑道长也经常资助中国大陆的侄儿。[③]

杨道长于1951年过世以后，南道院便由郑道长接管。他曾在1953年重修后洞的百步梯及百步梯以上的地带，并在1954年重修后洞厨房，1955年再修缮大门内的设施，可见郑道长甫接管南道院时，相当勤奋地为洞内增添设施。然而随着时间推移，南道院经营所遇到的问题也越来越多。1962年12月14日，《南洋商报》报道，南天洞因附近石厂爆山采石而有碎石纷飞，阻碍游客，甚至危及洞穴的安全。[④] 根据何焕喜先生的《献词》，当时郑道长向其求助，过后经过县长和当时国会议员律师D. R. 辛尼华沙甘（D. R. Seenivasagam）等人的协助，与州务大臣协调，方才解决问题。《南洋商报》则报道郑道长向地税局、警方和矿务部求助，并未提及当时的国会议员。

郑道长管理下，南道院延续了龚道长的思想，对其他宗教采取包容态度。根据何焕喜先生的记忆，20世纪60年代曾有一名来自吉隆坡鹤鸣寺的慈宗法师，来到南天洞，和郑道长以及龚声扬道长的妻子达成协议，答

---

① 《民生报·新闻大追踪》1988年4月23日，第4页，转引自《南天洞（南道院）创立120周年纪念特刊》，1988年，第32页。

② 手抄版《进道门人上表姓名道号订明》，转引自《南天洞（南道院）创立120周年纪念特刊》，1988年，第59页。

③ 《民生报·新闻大追踪》1988年4月23日，第4页，转引自《南天洞（南道院）创立120周年纪念特刊》，1988年，第32页。

④ 《南洋商报》1962年12月14日，第15页。

应出资帮助建设、提供水电杂费，并且不收取任何香油费，条件是南道院将后殿让出供佛教发展之用。于是，郑道长才将后殿的各神像搬出，放在正殿左侧的平台上。慈宗法师于是委派大徒弟刘光明负责后殿的修复，现今南天洞后洞的住房、厨房和厕所，后洞外的空间，皆是慈宗法师所修建。后因某些事故，刘光明不辞而别，慈宗法师心灰意冷，将年轻的僧人交托给三宝洞宗鉴法师为徒，离开南天洞，最后于1979年客死新加坡。[①] 慈宗法师在南天洞居住期间，也曾和三宝洞的会庆法师有来往。当时以“学人”自称的会庆法师，曾向慈宗法师借经书、灯台等物，并留下借条（图6—25）。

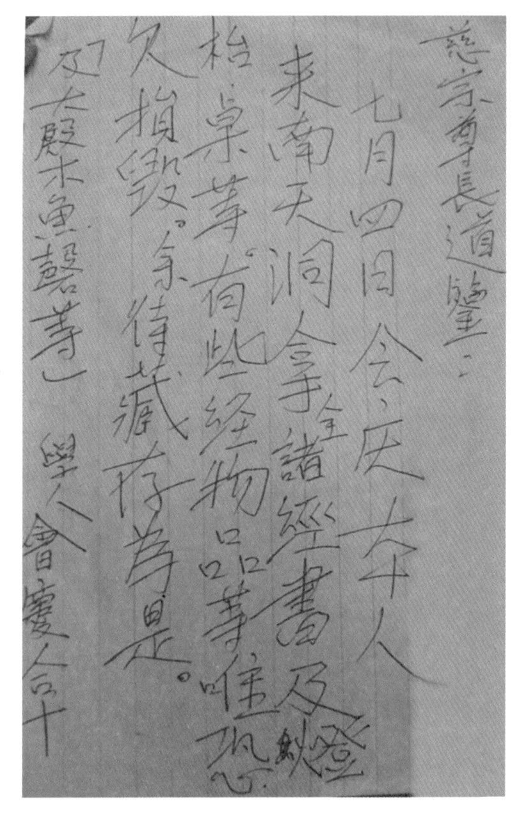

慈宗尊長道鑒：
七月四日会庆本人
来南天洞拿全諸經書及燈
枱桌等，有此經物品等，唯恐
久損毀，余待藏存為是。
及大殿木魚磬等。
學人 會慶 合十

图6—25　会庆法师向慈宗法师的借条

（陈爱梅摄于2014年1月25日）

1968年[②]，因土地局拒收南天洞三年地契费，并且将在一年后接收南天洞，郑道长向何焕喜先生求助。在何先生的主导下，市议员杨梅源、前地方议会主席吴典、慈宗法师、龙头岩主持李真祥道长等人皆到昆仑喇叭云松茶室参加会议。会议上得知州政府已于1960年制定管制寺庙产业法令，规定所有寺庙产业必须正式注册，并由产业保管委员会管理，因此南天洞也必须成立相关委员会。1973年，保管委员会正式成立，由吴典出任

① 参考何焕喜《献词》，《南天洞（南道院）创立120周年纪念特刊》，1988年，第10—11页。

② 依据何焕喜先生（《特刊》第11页）和邓安杰先生（《特刊》第13页）的记忆，委员会创立年份应是1968年，但其余资料皆显示委员会于1973年创立，第一任理事任期也自此开始，由此推断，保管委员会至1973年才正式有官方记录，1968年应只是暂时成立。

第一任主席，刘日梅、慈宗法师、周念仁出任副主席。[①]

保管委员会成立后，为郑道长分担了行政事务，却无法解决道脉的传承问题。郑道长曾收了一名来自新邦波赖新村的林姓俗家弟子为徒，但弟子却因修行辛苦不告而别，直到郑道长过世都不曾归来。郑道长也曾想收纳洞内信徒林亚花女士之子陈建友先生继承衣钵，却因陈先生条件不足而作罢。[②]

郑道长于 1988 年 4 月 5 日过世后，南天洞教务便由庙祝蔡明负责。按信众回忆，郑道长生前性格喜静，不会主动找人攀谈，又因表情肃穆，令人难以亲近。[③] 郑道长过世前最遗憾之事并非收徒不果，而是未能替祖师爷龚善德道长修好神位，可见其对先人的敬畏之情。[④] 郑道长生前与龙头岩第四任主持李真祥道长互有往来，李道长也曾出任南天洞理事会的财政，可惜在两位道长过世以后，继任的李修清道长忙于龙头岩事务，两间道院的往来也逐渐减少了（图 6—26）。

今日，陈建友的侄女陈秀莉（1991— ）对郑道长仍然充满敬意。她虽然没见过郑道长，但常听长辈们提起郑道长。她说，外界传言郑理吉道长举止猥琐，但都只是场间传闻。南天洞常会有情侣前来爬山。由于山上四野无人，黑暗隐秘，郑道长担心有情侣在山上行苟且之事。因此每当有情侣上山时，郑理吉道长总会跟随其后。久而久之，就演变成郑道长举止猥琐的谣言。郑道长的身体强健，即使已步入中年，但他上楼梯从来不喘粗气。此外，据陈女士转述，郑道长道行很高，功力深厚，每当有熟人到来，来的人才刚到达门口，在殿内的郑道长就已经知道所来何人，令人

① 1968 年保管委员会成立经过，大部分情节参考何焕喜《献词》，但正式创立的年份和理事名字则参考《南天洞略历》。

② 受访者：罗金嵋女士，访问日期：2016 年 11 月 6 日，访问地点：南天洞。林亚花女士是罗金嵋女士的家婆，因此罗女士才略懂郑道长和陈建友先生的故事。据闻，陈先生是因为知识程度不高，无法继承郑道长，这段师徒关系才无从建立。

③ 受访者：陈桂鸿校长，现任南天洞主席，访问日期：2016 年 10 月 26 日，访问地点：南天洞。

④ 《民生报 · 新闻大追踪》1988 年 4 月 23 日，第 4 页，转引自《南天洞（南道院）创立 120 周年纪念特刊》，1988 年，第 32 页。

啧啧称奇。[①]

图 6—26　保管委员会成立初期的合照。左四为委员会主席吴典，左五为郑理吉道长，左六是已故的龙头岩第四任主持李真祥道长（2017 年 1 月 20 日翻拍）

文物概况

1. 木墙上的壁画

（1）长生宫

长生宫共有左右两面木墙，木墙上半部共有四幅壁画，都以传说故事为主题。左右墙分别都有对联在壁画两旁，分别是右壁的“山水有情年年茂盛，道法无穷岁岁荣昌”［图 6—27（1）］和左壁的“心意良和恭谦

① 受访者：陈秀莉，访问日期：2017 年 2 月 9 日，访问地点：南天洞。访问者：陈爱梅，记录：王敏仪。

让，性情温固而知新”［图 6—27（2）］。本来每幅画旁都有一首七绝诗讲述画作的故事，但由于年代久远，许多文字已不可见。现仅举董永和七仙女故事的七绝诗为例：

> 七姐下凡因谪儿，送与状元董永身，此系仙家民后代，天地为（玄）极妙奇。

图 6—27（1） 长生宫的右壁壁画（2016 年 12 月 24 日摄）

图 6—27（2） 长生宫的左壁壁画（2017 年 1 月 20 日摄）

（2）昆仑山

昆仑山的壁画同样分为两面墙（图6—28），左右各有三幅，也是用传说和历史故事为主题，每幅画上方还有画名。如《梨花宫中劝夫丁山不愿》：

梨花法力甚高强，猛勇英雄擒薛郎，三擒三放招亲（盟），到底有缘结鸳鸯。

图6—28（1）　昆仑山的右壁壁画（2017年2月9日摄）

图6—28（2）　昆仑山的左壁壁画（2017年2月9日摄）

2. 木墙上的题诗

(1) 长生宫

长生宫木墙的下半部，也就是壁画下方，题有39首以“梦里惊道眼”开头的传道诗歌（图6—29），并有落款“天运光绪乙巳岁孟秋龚善德奉天而行书以歌”，今节录数首于下：

其一

昨夜三更惊一梦，惺来似觉始知。将把道情列壁上，普渡善男信女

十六

梦里惊道眼传。莫说凡夫不成仙，人即佛圣即凡，三教圣人话同言。神仙本是凡夫做，嘱咐凡夫心要坚。访明师，炼金丹，九转功成自纯干。

廿七

梦里惊道眼，振。惺了方才不梦尘庄华南吕洞宾，都是梦里惊遇身。蛱蝶惺时登彼岸，荒凉梦觉出迷津。劝官绅，及庶民，莫作梦中说梦人。

图6—29　长生宫的“梦里惊道眼”传道歌诗（2017年1月20日摄）

（2）昆仑山

昆仑山木墙由右到左共题有《行道百字训》《孝弟忠信礼义廉耻八劝》《富贵贫贱鳏寡孤独八叹》《赤壁》、杜牧《将赴吴兴登乐游原》、李白《与史郎中钦听黄鹤楼上吹笛》《兹将修道法例普度贤良十二首》，及《叹五更七绝五首》，并落款“本院道人龚善德书”（图6—30）。如五言歌诗《行道百字训》：

辨道依规矩慈悲化四方。谦和兼信实，俭让与温良。敬祖根宜固，遵师本莫忘。待人敦礼义，处己惕琜狂。切忌争功果，尤嫌论短长。愤高休执〇，任我勿分张。受谤言须谨，知（我）事要藏。三十功积满八百行条详。引众登仙境，调贤选佛（场）。慈航来普渡，位位列天堂。①

图6—30　昆仑山的《行道百字训》（2017年1月20日摄）

3. 神像、牌位和神明画像

正殿左侧供奉有诸多神像和牌位，其中包括四海龙皇（图6—31）。诸神像雕工细致，造型罕见（图6—32、图6—33），有些还手持印章

① 壁上看不清的字由“〇”代替；字迹模糊，仅靠猜测辨认的字，则由“（）”标识。

（图 6—34、图 6—35），前往后洞的石阶旁有个造型奇特的神像，疑是雷公或雷震子（图 6—36）。

（1）神像

图 6—31　正殿左侧平台上附近的神像及神位（2017 年 1 月 20 日摄）

图 6—32　平台上的神像之一
（2017 年 2 月 9 日摄）

图 6—33　平台上的神像之二
（2017 年 2 月 9 日摄）

图 6—34　神像手中的印章一（2017 年 1 月 21 日摄）

图 6—35　神像手中的印章二（2017 年 1 月 21 日摄）

图 6—36　位于后洞，造型奇异的神像，疑是雷公，或雷震子（2017 年 2 月 9 日摄）

（2）神明牌位

南天洞内放许多神明牌位，除了十皇殿的三个手写牌位，其余的都是在木板上刻成。众多神位从色彩和造型上看来应历时已久。大多数牌位皆放在三教殿主坛的右侧（图 6—37）。牌位上许多神明较为少见，排列的组合也相当特别。比如从下文的《神明牌位列表》的第 12 牌位，“大慈大悲观世音菩萨”和“九天玄女”“女娲圣母”并排，便可看出南道院供奉的神祇不拘佛道，自成一格（图 6—38）。若不扣除重复出现的神祇，南天洞的 18 个神明牌位，共有 329 个神祇的名字（表 6—1）。

图 6—37　三教殿主坛右侧的神明牌位（2017 年 1 月 20 日摄）

图 6—38　神明牌位列表的第 12 牌位（2017 年 1 月 20 日摄）

表 6—1　　南天洞神明牌位（陈昭慧、廖明威整理）①

编号	文字
1	东海龙皇/北海龙皇/南海龙皇/西海龙皇
	神位
2	石人仙童/传香童子/善财童子/红孩儿祖师/三大子仙师/金童祷教/包文童子/当年大岁
	命行执掌/青童随行/麻衣童子/敕符童郎/造符童子/颜贤神童/白骨仙童/青牛幼童
	暨列仙童神位
3	南斗星君/福德星君/财帛星君/大阳星君/大白星君/医灵大帝/石古天王/大阴星君/火德星君/水德星君/北斗星君
	白鹤仙师/洞宾仙师/铁扇佛祖/开山宝王/齐天大圣/轩辕大圣/杨凡仙师/卢医药王/吕山火炼祖师/油锅仙师/刀山仙师
	暨星君圣仙神位
4	鲁班仙师/三法祖师/诸葛仙师/姜太公仙师/楚江王菩萨/地藏王菩萨/城隍菩萨/八卦仙师/鬼谷仙师/铁拐仙师/国舅仙师
	/勾陈仙师/青龙仙师/湘子仙师/钟离仙师/福德都土提祖/地府龙君/行符渡水祖师/管辂仙师/左慈仙师/白虎仙师/朱雀仙师/田蛇仙师
	暨列圣仙师神位
5	铁头大子/东岳黄飞/岳飞圣君/康大元帅/李大元帅/赵大元帅/马大元帅/刘大元帅/温大元帅/车大元帅/飞将圣君/元武仙师
	五雷将军/狄显将军/周大将军/武松将军/梁山将军/赵云将军/秦琼将军/尉迟将军/林四将军/木牛将军/关平将军/五营将军/猛勇将军
	暨列元帅将军位
6	说法圣母/七殿宫主/王母娘娘/林奶夫人/李奶夫人/陈奶夫人/护法仙娘/七姐三姑/保胎奶娘
	暨列仙母众神位
7	赵元帅/廖大元帅/李元帅
	神位

① 使用文字皆按照牌位上所写，许多应作“太”字的，如“大白星君”，牌位上皆写为“大”字，可能是客家口音“大”、“太”通用导致。编号 16 到 18 的神位，由于是手写字，许多字已经褪色，今用“（）”标识模糊的字眼儿，用〇代替无法辨识的字眼儿。

续表

编号	文字
8	白骨神童仙师/传香童子仙师/命行执掌仙师/哪吒三大仙师/善财童子仙师/红孩儿大仙师/奏事童郎仙师/青牛幼童仙师/包文童子仙师
	众仙师神位
9	大白星君/福禄星君/大阳星君/财帛星君/大阴星君/五方星君/大岁星君
	暨列众星君神位
10	天皇氏人皇氏地皇氏殿位
11	玉皇天后圣母/龙母天后/西王老祖母/瑶池金母/王母天后
	暨列圣母神位
12	何大仙姑/七圣仙娘/桃花圣母/九天玄女/大慈大悲观世音菩萨/女娲圣母/金花夫人/金菊二妇圣母/日月仙姑
	神位
13	长春真人/广济真人/福禄真人
	神位
14	后皇帝龙殿位
15	敕封忠义仁勇关圣帝君神位
16	金阙众仙天尊/道德天尊/老道天尊/鸿钧天尊/开行天尊/五老天尊/东王公大天尊/先天主将护法灵官王天尊/三元三品三官大帝感想天尊/大道三清三境三宝天尊/三教辅元雷霆都省大法天尊/玄天上帝真武祖师荡魔天尊/诸佛灵通天尊/三界仙圣天尊/灵玉宝通天尊/金刚吾道天尊/广法妙药天尊/乙真普贤天尊
	晋王普圣天尊/说法真人天尊/圣道诸仙天尊/广法灵生天尊/灵光普化天尊/华光灵圣天尊/灵光普贤天尊/弥显大乙天尊/救苦真人天尊/圣佛三教天尊/金德真人天尊/妙吉府王天尊/广行说法天尊/治行灵光天尊/显法圣寿天尊/无量道法天尊/正果真人天尊/三教佛主天尊
	真心成果天尊/脱化圣果天尊/金童有敕天尊/佛主圣仙天尊/有道真人天尊/金星成法天尊/弥圣〇树天尊
	列神位

续表

编号	文字
17	众佛圣法菩萨/普贤诸佛菩萨/（诸）提佛祖菩萨/三光佛祖菩萨/妙术真人菩萨/太乙真人菩萨/释迦如佛菩萨/救苦真人菩萨/道法真人菩萨/平天五官圣君/开山宝王祖师/天师圣君/洪门圣君/五殿圣君/饶命圣君/五方圣君
	张李天师/扯摩祖师/定光王佛祖菩萨/华严佛祖菩萨/白衣佛祖菩萨/七宝金刚圣佛/琉璃光王佛祖/满汉佛祖菩萨/燃灯古佛菩萨/开山法门祖师/普昧祖师普昧祖师/仓颉先师/韦佗菩萨/盘王古圣/九天开化主宰/鸿钧三教真人/移星传斗真人
	伏羲夏禹商汤文王周公孔子八大圣人
	三茅真君/五岳大帝/南极大帝/玄天圣父/天曹诸司/文殊佛祖菩萨/琅光佛祖菩萨/准提佛祖菩萨/沙和佛祖菩萨/三宝佛祖菩萨/紫微〇君/五岳前后圣君/诸葛孔明先师/（先锋）先师/刘伯温先师/青龙圣君/〇王圣君/包文圣君/保生圣君/把溢天皇
	初合二仙/钟山蒋公/①/昆仑大仙/〇〇老祖/②/金甲神将
	列神位

① 此处有两位神明名字无法辨识。

② 此处共有14位神明名字已无法辨识，大多仅能见“老祖”“帝君”“大仙”“先师”等零星字样。

续表

编号	文字
18	①/七宝圣君真人/修○道法真人/行法○山真人/七道金○真人/治法○永真人/南何○法真人/明皇○○真人/②/诸仙成果真人/雷通天声真人/（韩）文修道真人/○法治修真人/五雷祖师真人/阴阳天生真人/福寿全禄真人/真君成道真人/永藏妙圣真人
	协天关圣大帝/左右（辩）官真人/驾云○仙真人/山河古迹圣君真人/文武魁斗真人/宝塔天皇真人/许真圣君真人/彩仙修道真人/五○龙君真人/余○成道真人/七仙成道真人/三仙圣君真人/（何伯真官）真人/神农五谷大帝真人/祖师道法传教真人/琉璃药王救民真人/屈祖德果真人/乾坤○○造化○仙真人/鲤精道人圣仙真人/白发长眉大仙真人/徐仙永身德果真人领命行法真人/左右（德命）童子真人
	银树八宝金刚真人/③/黄○修仙成果真人/九龙饿虎大仙真人/姜王圣君真人/五○○锦圣仙真人/④/灵龟八卦德果真人/⑤/医灵大法德果真人/乾坤行法○○真人/风伯雨师成道真人/老仙○○○道真人/○斗星君○○人/泣风李仙真人/赤足大仙真人/孙真药王真人/温许二圣真人/妙药华佗先师/谭公仙童真人/茅山炼修金○真人/无量功德真人
	千里眼/暨列众仙神位/顺风耳

（3）神明画像

长生宫旁有个可前往十皇殿的木质楼梯（图 6—39）。在十皇殿内有六幅作于木板上的神明彩色画像（图 6—40 至图 6—45）。画像保存状况不佳，其中有两幅画像褪色问题严重。画像中男女肖像为主的各占三幅，人物造型皆脸型修长、眼眉细长、耳郭长而耳垂大。大多角色的服饰都造型、色彩各异。所有肖像旁都有写有相关神明的称谓，可惜大多已褪色磨损。特别的是，除了图 6—44 的画像，所有男性肖像皆有“明王”称号。

---

① 此处有四位神明名字无法辨识。

② 此处有三位神明名字无法辨识。

③ 此处有二位神明名字的开头无法辨识，结尾的称谓分别为“真人”及“仙人成道先师”。

④ 此处有二位神明名字无法辨识。

⑤ 此处有一位神明名字无法辨识。

图 6—39 十皇殿入口（2017 年 1 月 20 日摄）

上排女神由左到右为圣母娘娘、杨〇天后、李奶天后、碧霞元君/陈奶天后、林奶天后、王母娘娘、水母娘娘。下排由左到右为保胎娘娘、修道圣母、传法圣母、护法圣母、何大仙姑、后土娘娘、传教娘娘、目连佛祖、火山圣母、七姐仙姑。

图 6—40 十皇殿神明画像之一（2017 年 1 月 20 日摄）

肖像的名字大多已磨损，仅能辨认上排左一为“支天大圣母”、下排右一为“王母天后圣母”。

图 6—41　十皇殿神明画像之二（2017 年 2 月 9 日摄）

此肖像名字大多已不可辨识，仅能看到“七殿宫主”和“金花圣母”两个名字。

图 6—42　十皇殿神明画像之三（2017 年 2 月 9 日摄）

上排由左到右是初江明王、泰广明王，下排由左到右则是五官明王、朱帝明王。

图 6—43　十皇殿神明画像之四（2017 年 2 月 9 日摄）

由左到右为泰山明王、阎罗天子及六殿〇〇王。

图 6—44　十皇殿神明画像之五（2017 年 2 月 9 日摄）

此幅破损状况严重，仅能清楚看见左一称作“都〇明王”，及右一有“明王”称号。

图 6—45　十皇殿神明画像之六（2017 年 2 月 9 日摄）

3. 古钟，1899 年

图 6—46（1）　展示于南天洞正门的古钟（正面）（2017 年 1 月 20 日摄）

图 6—46（2）　展示于南天洞正门的古钟（背面）（2017 年 1 月 20 日摄）

沐恩弟子陈喜盛，敬酧南道院法钟壹口。光绪二十五年己亥岁，夏月吉立，隆盛炉造。风调雨顺，国泰民安。

神主/墓园

图 6—47 龚善德道长和张公、黄氏的合葬冢（2017 年 1 月 20 日摄）

洞内并无特别安放信众或道士神主的地方，虽然后洞的高处有安放神主的木架，目前却空置。南天洞仅有三处可见往生神主，分别是：

（一）正殿附近安放的“五音十类男女孤魂等神位”“信士杨君讳法汉长生禄位”（即南道院第三代传人杨至汉）及“中华显考理〇张公之神主位”三个神主。

（二）后洞台阶旁的小洞，供奉“五音十类男女孤魂等神位”。

（三）后洞三教殿的“本洞道长神位”。另有龚善德道长的神位，上写“创建本院始祖龚公法号善德神位”。

原先，过世的道长都会葬在后洞外的空地上。但因年代久远，坟墓毁坏不堪，信徒林亚花女士便在 1973 年 5 月将龚道长、黄氏和一名张姓先人遗体火化，合葬于后洞外（图 6—47）。如今，墓园也仅剩此一冢。

庆 诞

南天洞主要庆典是农历二月十五的太上老君宝诞。庆典之前，将有五到七天的庆祝期。20 世纪 90 年代以前，委员会总会聘请来自香港的粤剧团或是泰国的潮州剧团来此演出四到五天。后来，由于感兴趣的人数渐少，剧团表演便逐渐被电影播放和卡拉 OK 所取代。庆典前，委员会会举办千人宴（荤）进行募款，而二月十五日当晚，则举办千人免费素宴。

农历二月十五日当天，南天洞会从外部邀请道长主持宗教仪式。本来曾邀请龙头岩李修清道长主持仪式，但由于李道长分身乏术，便转而邀请怡保谭道馆主持仪式。仪式包括请大仕爷、超度孤魂等。

新年期间，南天洞也会举办新年团拜，邀请当地华团拜访庙宇。

管理制度

1973 年保管委员会成立，1991 年，南天洞的注册名字正式从“Nam Toh Yuen Temple，Ipoh”改为“Nam Thean Tong Temple Management Committee，Ipoh”。

至今，委员会已更换了六任主席，分别为：

吴典 PJK（客家人），任期 1973—1975 年。

李有篁（客家人），任期 1976—1979 年。

邓安杰（广东人），任期 1980—1989 年。

林敬芳 AMN AMP PJK（嘉应客），任期 1990—1993 年。

梁亚新 AMP PJK（四会人），任期 1994—2010 年。

陈桂鸿校长 AMP PPT（广东人），任期 2011 年至今。

由于昆仑喇叭居民以梅县客家人为多，因此委员会也大多由客家人组成。委员会目前面对缺乏青年人加入和人数减少的问题，会员人数从一开始的将近 200 名，减到目前的 120 名。为了解决问题，委员会目前正在降低成为终身会员门槛的规定，及鼓励更多青年成为理事。

委员会成立以后，多次听从郑道长的建议，为南天洞进行了数次大型的修建，包括用石炮炸去挡门的石笋、填平洞外左边的池塘、开拓停车场等，南天洞才有目前的规模。以往南天洞被称为“南道院”，是一座简陋的道观，缺乏灯光，有阴森神秘之感，洞内还积水成湖，虽然空间宽敞却难以善用。保管委员会将水湖填平，铺平地面，为洞内通电打灯，但也尽可能保留原有的建筑结构。

轶　闻

龚道长法力高强

龚善德道长留下不少奇闻轶事，部分见于李永球先生《龚善德创立南天洞》记载的访谈记录。据闻，龚道长曾为了警告戏要放生池生物的孩童，施法让大树倒下，吓跑他们。也有传说指龚道长曾用法术或武功击退山贼[①]、泰国法师等。据龚耀民（龚道长的玄孙）的文章，龚善德正是因为曾为了自保打死人，心生愧疚，作为忏悔，才悬壶济世。

龚道长过世的传说也相当离奇。据《南洋商报》1950 年 9 月 18 日刊登的游记，作者“梦笔”访问了南天洞，当时的主持（应是杨至汉道长）向他讲述了龚善德道长过世的经过：

> 我们的开山祖师龚善德法师，在八十多年前云游到此，觉得霹雳云山，此峰独秀，加着有个天生岩穴，最适清修。发愿募款，向十方善信化得不少捐款，就依次盖造了这座道院。到了祖师爷要果证仙班的那年，他老人家下了一道戒谕：“本师不日闭关坐化，汝辈反扃关门，不许窃窥，一过十二日方可入视，即就吾肉体塑成金身，受万姓香火，此后二祖三祖亦当谨依此法，但须切记一事，本师闭关之后，徒辈应在关门外不断薰香。”云云。
>
> 隔了几天，我们那位开山祖，满面红光焕发，独自走上最高一层小殿，趺坐蒲团上面，不饮不食。说少也过了七八天，徒儿们不大放心，议定启关看看情形何如。那知关门一开，我们那位祖师爷也不知道在什末时光羽化登仙去了。遗体兀坐蒲团上，颜色如生，于是轰动

---

① 龚耀民：《南天洞与我们龚家》（http：//healthylife-livehealthy. blogspot. my/2010/11/blog-post_ 14. html）

附近善信争传祖师尸解，香火骤盛。警察当局当然定要过问，他们不许我们把祖师尸体保留，而那座肉塑金身也就无由完成。[1]

李永球先生的记载同样提及龚道长早已知晓自己即将过世，交代后事后便独自爬上后洞的百级梯级，于洞内大化，[2]可见此传说流传之久。

图 6—48　山壁上的“佛脸”

（2017 年 1 月 15 日摄）

山壁佛脸

南天洞本身亦有一些特别的景观。根据《光明日报》[3]和《星洲日报》[4] 2012 年 2 月 27 日的报道，许多游客皆注意到南天洞山壁上浮现佛脸（图 6—48），甚至还有人注意到有大象、四大金刚、菩萨等诸多形象。令人啧啧称奇的景象也使当时南天洞的访客增加了 30%。正殿装修时，刷白了石壁过后，玉皇殿右侧石壁上同样有酷似佛脸的轮廓。

---

① 梦笔：《怡保南天洞的开山祖》，《南洋商报》1950 年 9 月 18 日，第 9 页。

② 李永球：《龚善德创立南天洞》，《星洲日报·文化空间·田野行脚》2009 年 5 月 17 日。

③ 《光明日报·地方·霹雳》2012 年 2 月 27 日（http://www.guangming.com.my/node/128258）。

④ 《星洲日报·生活志》2012 年 2 月 27 日（http://www.sinchew.com.my/node/273682）。

Chapter 7: Tung Wah Tong

Tan Chaw Hui & Tan Ai Boay

Tung Wah Tong: A place of tranquility for overseas Chinese.

From afar, it seems like someone had pasted some red walls and green roof tiles on the verdant forested hills where the cave temple perched on the hill. The temple can be divided into roughly four levels: the bottom level is a Datoh Kong temple and a pavilion with upturned eaves; the second level once enshrined the Earth God; the third level enshrines the Bodhisattva King Ksitigarbha (*Di Zang Wang Pu Sa*). Devotees have to climb 159 stair steps to reach the top where the Yuk Wah Gong, the main hall shrine of Tung Wah Tong, can be found.

As the name suggests, the Yuk Wah Gong enshrines the Jade Emperor as its main deity. Cultural relics that are still kept in the temple are a plaque and a bell dated back to 1926. According to *Nanyang Siang Pau* in 1932, the land for the temple was a gift from Eu Tong Sen. The original idea to build the temple is to provide "a place of tranquility for overseas Chinese". In the process of building the temple, Leong Sin Nam, the most prominent Chinese leaders in Perak played a crucial role in the establishment of Tung Wah Tong.

There is a wooden door on the right side of the main shrine. The door that is normally not opened to devotees holds within a room full of mysteriousness. There is a narrow passageway at the rear cave of Tung Wah Tung. Follow the stairs up and a space that can hold a bent over person can be found between the rocks. It is learned that this was once a hideout for the Malayan communists.

Open another door in the dark stairways, would show you a different scenery that is like a hidden paradise. Devotees would come to practice meditation here. A round opening on the top of the hill allows sunlight into a place where you would find a few Taoist meditation seats crafted from limestone, a simple hut and fresh air. This is a real heaven for those who practice meditation.

In 1980, Tung Wah Tong was officially registered as Pusat Meditasi Buddhist Tung Wah (Tung Wah Buddhist Meditation Centre). However, the council members of Tung Wah Tong believe that Tung Wah Tong is a Taoist temple, which is why they joined the Federation of Taoist Associations Malaysia. The entanglement of Buddhism and Taoism is clearly presented by this temple.

第七篇

东华洞

——侨领遣怀避嚣之所

陈昭慧、陈爱梅

基本简介

论历史，东华洞肯定不及广福岩、南道岩、龙头岩等庙宇来得悠久；论壁画，东华洞也不及有“南国敦煌”之称的霹雳洞来得丰富。然而，若论建筑，东华洞依山体而建的庙宇建筑群却颇为可观（图 7—1）。

东华洞位于山峦叠翠的柚子之都——打扪（Tambun）。该洞的每一个庙殿，皆按天然的钟乳石洞的原结构布置，大多不经人为加工。从山脚通向该庙建筑的石阶，蜿蜒而上。建筑群按山峦的地形而建。从远处看，东华洞以红、黄二色为主色调的建筑极其抢眼。从山脚望，苍穹与老树相辉映，东华洞的朱甍碧瓦更是显得光彩夺目。

抵达东华洞的山脚，最先映入眼帘的，是供奉拿督公①的亭子，旁边就是东华洞山门的入口，山门的门额髹成红色，“东华洞”三个大字则是髹成金色，其上盖有绿瓦。山门之后就是蜿蜒而上的石级，两旁的扶栏髹成红色。一路通向福德祠，采飞檐式建筑。飞檐是华人传统建筑的檐部形式，经常运用于亭、台、楼、阁、宫殿、庙宇等建筑的屋顶转角设计。这

① 拿督公，马新一带的本土民俗神。

种设计的建筑屋顶四角翘伸，具舒展羽翼之像，所以也常被称为飞檐翘角。东华洞的山门做成牌楼式，二柱单檐屋顶亭台的柱子上有“玉帝威灵显真迹，东华灵洞傲山立”对联的雕梁绣柱。亭子左侧写着“登山者有缘，下山者有福”的牌子，是东华洞送给每一位远道而来的善信的祝福。

图 7—1 依山而建的东华洞外观

（2017 年 1 月 4 日摄）

东华洞大致上可分为四层。由上到下，依序为福德祠、地藏王宝殿，以及东华殿主殿玉皇宫。造访东华洞则得登上 159 个石级，才能到达庙宇的最高层，即东华洞主殿玉皇宫。红彤彤的玉皇宫，门口有尉迟恭和秦叔宝两位门神守护，其画像雄姿英发。顾名思义，玉皇宫是以玉皇大帝为主祀的神殿，配上入口的两根盘龙大柱，和殿上的木雕画，以及神龛两侧的红底金字的“超凡”“入圣”四个大字，显得金碧辉煌。

1936 年，郑健庐在《南洋三月记》一书中，记载了他到东华洞的见闻：“先经务边路跑马场打扪（Tambun），而至东华洞门，有（普明山）三字。”[①] 然而今天的东华洞，“普明山”的标示字板已不存在，取而代之的是“东华洞佛寺 PUSAT MEDITASI BUDDHIST TUNG WAH TONG”及庙宇地址、网址的铁质看板（图 7—2）。

---

① 郑健庐：《南洋三月记》，上海中华书局 1935 年版，第 106 页。感谢中国社会科学出版社宋燕鹏教授提供该书相关线索。

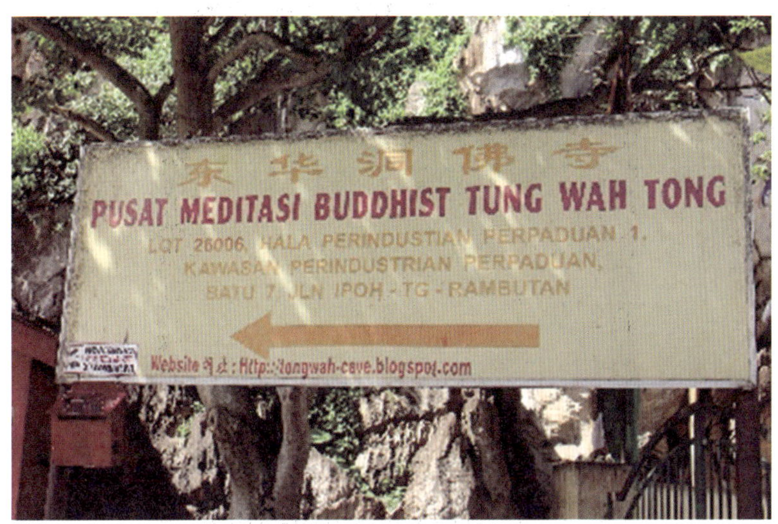

图 7—2 入口处的看板（2017 年 2 月 9 日摄）

由高速公路转入打扪区，首先得经过闻名全国的双威迷失乐园（Sunway Lost World of Tambun），再继续往前 1.8 公里，即可到达东华洞山脚。未到达东华洞之前，访客已可从远方遥望山上的 LED 显示板。

庙宇简史

现存的两笔资料皆指向东华洞成立于 1926 年。其一是写于民国十五年（1926）的“玄圃阆风”①；其二则是《南洋三月记》记录：“此洞为民国十五道教徒黄道法募资兴建者。”② 此洞一开始是由黄道法仙师（图 7—3）所建。东华洞的洞址原属崛起于近打谷的殷商余东璇（1877—1941），后来在梁燊南（1880—1940）等人的斡旋之下，余东璇将洞址赠予东华洞。

① 感谢本书的学术评审严家建博士，帮忙识别匾额上的文字。

② 郑健庐：《南洋三月记》，上海中华书局 1935 年版，第 107 页。

图 7—3 黄道法仙师遗像（2017 年 1 月 4 日翻拍）

20 世纪二三十年代，东华洞可说是与政商界关系密切的庙宇。1932 年 2 月 10 日《南洋商报》报道：

> 东华洞之胜迹则又非龙岩九层楼所能及也，洞在打扪前行二英里许，又名南龙故庙，红毛丹路上望之，岩层壁直，形势雄壮，结构于半壁之间者，即为东华洞也，访者闻该洞建造，行将告成，遂与打扪侨长胡君恩传，驱车往游，胡君云，此洞地址，本为余东璇君所有，梁新南君等，征得余君同意赠出为侨枭遣怀避嚣之所。[①]

根据上述报道，南龙古庙和东华洞当时关系密切，至于两者是何种关系，笔者不甚认同 1932 年《南洋商报》所报道的，指东华洞又名南龙古庙，其实不是因东华洞毗连南龙古庙造成的误会，南龙古庙早于 1895 年向英殖民政府申请注册，其建立年代比东华洞早了约 30 年。南龙古庙现

---

① 《怡保名胜东华洞将竣工工程浩大景致清幽足为侨界遣怀避嚣之所》，《南洋商报》1932 年 2 月 10 日第 9 版。

已改名为打扪创古藏传禅修中心。

东华洞的地段原属余东璇所有。余东璇（图7—4）生于槟城，祖籍广东佛山。其父亲余广，又名余广培（1853—1891），19世纪70年代移居南洋谋生，经营锡矿开采业务，声誉甚隆。1879年，他在务边（Gopeng）开设了一家药铺，取名为“仁生”，即现在业务遍布东南亚的余仁生集团。余广培为人好善乐施，因此其名字曾出现在许多捐款名单内。1887年，他曾捐赠三大元于金宝寿仙岩的重修。[①] 此外，余广培的名字也出现在光绪二十四年（1898）槟城五福书院重修的乐捐名单中。[②] 余广培于1891年过世，所以，他在五福书院的捐款极有可能是由其子余东璇以父亲之名乐捐的。余东璇的名字也出现在光绪二十七年（1901）五福书院的“创建千益银会碑记序”里。[③] 如同许多19世纪的霹雳州侨领，他们

图7—4　余东璇，马来西亚国家档案局典藏，典藏号：2001/0047788

① 黄文斌：《马来西亚金宝镇的寿岩观音庙与也南观音宫的历史探索》，发表于“首届华人宗教国际学术研讨会：华人移民与宗教文化”，厦门：华侨大学，2016年12月29日—11月1日，第6—7页。

② 傅吾康、陈铁凡合编：《马来西亚华文铭刻萃编》（第二卷），马来亚大学出版社1985年版，第809页。

③ 同上书，第816—818页。

主要的经济场域虽然是在霹雳州，但只要有经济能力，他们会参与槟城的组织和各种活动。今日的务边老街，仍有一条以余广命名的街道——"Jalan Eu Kong"（余广路）。

在父亲去世七年后，余东璇开展其个人事业。[①] 如同许多当时的华人领袖，余东璇对庙宇的关注和贡献很大，金宝埠金宝古庙的主神观音前面的香炉，上铸有"光绪三十年仲冬吉旦水月宫南邑弟子余东旋敬送"。余东璇的堂弟余东雄是"黄花岗七十二烈士"之一。虽然如此，余东璇并不能说是革命党的支持者，康有为到访金宝时，余东璇曾接待这位远方来的保皇党领袖。[②]

余东璇主要的政治舞台是在马来亚，他是联邦议会（Federal Council）的华人代表。联邦议会成立于 1909 年，其职能主要是商讨和决议马来联邦（Federated Malay State，又称四州府[③]）的立法院（Legislation Council）。联邦议会成立之年，梁碧如（1857—1912），这位中国驻槟城副领事，被委为第一位华人代表。20 世纪初期，胡子春（1830—1921）和余东璇都曾被委为联邦议会代表。不过，到了 1920 年，马来亚华人社会因《学校注册法令》与英殖民政府剑拔弩张的时候，联邦议会只有余东璇一位华人代表进行斡旋。

1919 年中国发生"五四"运动，反帝国主义思想迅速传播至马新华人学校，英政府唯恐这一思想与不满情绪持续扩散，因此在 1920 年规定所有的学校必须向政府注册。如同其他州属的华人社会，霹雳华人领袖也起而反之，以梁桑南为首的霹雳华人领袖向华社议会代表余东璇和众英籍白人议员陈情，余东璇亦答应尽力阻止该法案通过。不过，他在联邦议会中寡不敌众，最终这项法案还是通过了。虽然如此，余东璇的努力依然获得中文报章的肯定和嘉许。[④] 可是，余东璇在隔年就不被继续委任为联邦议会议员。余东璇的贡献跨幅度很大，新加坡现有一条街是以余东璇命

---

① Lian Kwen Fee and Koh Keng We, "Chinese Enterprise in Colonial Malaya: The Case of Eu Tong Sen", *Journal of Southeast Asian Studies*, Vol. 35, No. 3, Oct., 2004, p. 420.

② 张永福：《南洋与创立民国》，上海中华书局 1933 年版，第 15 页。

③ 即霹雳、雪兰莪、森美兰和彭亨州。

④ 相关论述请参阅陈爱梅《英属马来亚二战前华人社会运动类型——以霹雳州为例》，《南洋问题研究》2014 年第 3 期。

名的。[①]

继胡子春之后，梁燊南可以说是“二战”前霹雳州最有影响力的侨领。梁燊南是典型之白手起家的南洋商贾。他出生于广东梅县，客家人，父母皆在他年幼时期就去世，他在霹雳的锡矿业创下一片天地，并在1920年被委为霹雳州议员，同年接受了英政府的“大英帝国优等名誉勋位‘（O. B. E）’的勋衔”。1937年，他又以第一高票获选为“中华民国国民大会马来亚华侨代表”[②]。梁燊南在日军南侵马来亚前过世。为了纪念这位对霹雳做出莫大贡献的重要领袖，怡保市区的梁燊南路（Jalan Leong Sin Nam）就是纪念他的功绩。

东华洞现存最早的文物，是1926年的“玄圃阆风”匾，梁燊南名列捐赠者之首，可见，他当时已是公认的领袖。余东璇和梁燊南这两位华人领袖共同历经了1920年的学校注册法令风暴，或因如此他们成为关系密切的朋友。梁燊南与余东璇商讨让出东华洞地段时，余东璇答应了。梁燊南应该只是东华洞的资助者，该洞当时应是由黄道法所管理。

除了这两位名人的贡献，霹雳的侨领也多次到东华洞，如张珠。按郑健庐在《南洋三月记》，他游东华洞时，张珠、耀煌和彭龄三位结伴同游，他们共同乘车前往。[③] 张珠和梁燊南皆为国民党党员，并参与和领导霹雳州的各种中国赈灾的活动。虽然当时他的财力和声望略逊于梁燊南，但仍是一位颇受认可的侨领。东华洞当时可谓是侨领云集的怡保名胜地之一。

“二战”之后，东华洞走入历史的另一阶段。战后的马来亚因政治波动而陷入紧急状态[④]。期间，马来亚共产党（简称“马共”）为了躲避马来亚英军的围剿而藏匿于各地，尤其是山岭和岩洞地区。地点隐秘的东华洞也因此成为马共的藏匿点。

东华洞大殿右侧有扇木门，平时不对香客开放。东华洞后洞有狭小的

---

① 这里指的是新加坡的 Eu Tong Sen Street。

② 陈爱梅：《战前华人政治参与模式》，《马来西亚华人研究学刊》第13期，2014年，第121页。

③ 郑健庐：《南洋三月记》，上海中华书局1935年版，第106页。

④ 马来亚紧急状态（Malayan Emergency），即戒严，是指1948年马来亚共产党展开武装斗争之后，英殖民政府宣布马来亚进入紧急状态，一直持续到1960年才解除。

图 7—5 东华洞山顶及洞眼。放下疲劳，北京的宋燕鹏教授在山顶——“洞天圣境”歇息（2017 年 1 月 4 日摄）

通道，拾级而上，沿石间的狭隘空间可供人弯身活动。据说，这里曾是马共藏匿的地方。根据庙宇理事会主席郭民众的说法，这些狭窄曲折的岩道正是“山老鼠”[①] 从东华洞通往其他山洞的秘密通道。推开石阶间昏暗的一道门，登上东华洞山顶，视野豁然开阔，犹如进入另一个桃源世界。东华洞的山顶，可谓“洞天圣境”[②]，景色宜人，气候凉爽，绝对适合静心打坐。从山顶仰望，有个可透视天际的“洞眼”[③]，人在岩洞内可看到岩

① 对马来亚共产党员的称呼。紧急状态期间马共因为游击战的关系东躲西藏，藏匿点主要在山洞内，因此获得此外号。

② 张英杰，霹雳洞洞主，将东华洞山顶取名为“洞天圣境”。

③ “洞眼”一词，是引自杜忠全《怡保岩洞庙宇调查序说》，《当今大马》2007 年 1 月 16 日，并截自 http：//www. malaysiakini. com. libezp. utar. edu. my/columns/369420。

洞外的蓝天白云。游客攀登来此，可暂且小憩（图 7—5）。洞眼投射下来的和煦阳光，几张石灰砌成的禅座和禅窟，让这“洞天圣境”看来其美如画。据说此处也取了不少佛教禅修者常来打坐禅修。

20 世纪 80 年代，有佛教徒到东华洞禅修，并以“东华洞佛教徒坐禅中心”（Pusat Meditasi Buddhist Tung Wah Tong）之名注册。后来，佛教徒鲜少过来了，但东华洞的理事仍然沿用“东华洞佛教徒坐禅中心”的注册名称。虽然如此，东华洞现任理事认为东华洞是道教道场，并成为马来西亚道教总会会员。佛道之间的交融与属性认同在东华洞表露无遗。

供奉神明

东华洞为何名为“东华”？是否取“东华帝君”之名？我们从两笔资料进行探索。

1932 年 2 月 10 日《南洋商报》曾报道东华洞如下：

> 洞有神位三，一曰儒，一曰释，一曰道，儒位居上，释道。次之，前主持为黄召南，继承者为张三邱伦初二人，洞之建筑工程颇浩大，时经七八年，费耗十除万元，皆由主持自筹，现有道友二三十人，类皆老弱者，原计划设老人院于此，以为同侨老者，得藉此胜地，终其余年，以不景气故，遂息议焉。①

1935 年出版的《南洋三月记》也提道：

> 此洞为道教徒黄道法募资兴建者，洞内中座供奉玉皇大帝、孔子仙师、太上老君、观音大士各塑像又不知果何宗教。②

---

① 《怡保名胜东华洞将竣工工程浩大景致清幽足为侨界遣怀避嚣之所》，《南洋商报》1932 年 2 月 10 日，第 9 版。

② 郑健庐：《南洋三月记》上海中华书局 1936 年版，第 107 页。

这两笔资料都没有提到东华帝君，也没有任何资料显示东华洞曾供奉东华帝君。因此，东华洞之名和东华帝君，按目前所掌握的资料来看应没有任何关系。比较上述两笔资料，黄道法和黄召南是东华洞的开创者，黄道法和黄召南可能是指同一个人。民间文史工作者李永球指东华洞“百年前由丘伦初道长开创，传了8位道长”[①]。根据《南洋商报》1932年的报道，丘伦初只是黄召南的继承者，并非创始人。他在该文指东华洞传了8位道长，另一篇文章中则说东华洞属先天斋教的岩堂，[②]他提出的8位道长先后传承和先天斋教之说，不过，进一步掌握相关资料之前，本文对这一说法持保留意见。

两份文献皆表示，东华洞一开始就是儒释道合祀的庙宇。这也充分解释为何在东华洞内，除了道教系统的神祇如玉皇大帝之外，还有儒家圣人孔圣师尊、佛教和民间信仰所供奉的观世音菩萨等等。东华洞现供奉神祇包括玉皇大帝、李祖仙祖、孔圣师尊、太上老君、太阴娘娘、太阳星君、关帝圣君、观世音菩萨、金童玉女、韦陀、地母娘娘、灵感先师、三山国王、谭公爷、中坛元帅、十八罗汉、济公、华光大帝、雷震子、虎爷、五方五土龙神、美猴王、太岁、大伯爷、二伯爷、弥勒佛、释迦牟尼佛、地藏王菩萨、秦叔宝、尉迟恭、拿督公和象神。2013年11月24日，庙宇福德祠开幕，该洞安奉大伯公、文官和武官。

神　主

此洞内也供奉着善信和一些重要开山功臣和善信的木主牌位，其中包括“本洞开基黄道法先师之神位”和“大檀越梁君燊南长生禄位”等。(图7—6)

---

① 李永球：《南传符箓派：马来西亚最大的道教派别》，《袁静文化季刊》第4期，2000年，第28—36页。

② 李永球：《怡保岩洞寺观》，《光明日报》2016年4月14日，截自 http://www.guangming.com.my/node/292721? tid=2。

图 7—6　洞内供奉的神主牌和长生禄位，包括黄道法和梁粲南的牌位（2017 年 1 月 14 日摄）

现存文物

此洞内最古文物包括一个匾额（图 7—7）和一口铜钟（图 7—8）。这两个文物皆放置于玉皇宫的左侧。

玄圃阆风匾（图 7—7）

玄圃，传说中昆伦山顶的神仙居所，黄帝的下都。玄圃一词，出自《山海经》："迢迢槐江岭，是为玄圃丘。西南望昆墟，光气难与俦。"玄与悬古字通，《淮南子》又曰："悬圃在昆仑阊阖之中。"阆风，即阆风巅，也是相传中的神仙居所，位于昆仑山的山顶的神仙居所。《楚辞·离骚》曰："朝吾将济于白水兮，登阆风而绁马。"北魏郦道元的《水经注·河水一》：" 昆仑之山三级：下曰樊桐，一名板松；二曰玄圃 ，一名阆风 ；三曰层城 ，一名天庭。是为太帝之居。"清末民初史学家章炳麟在《答铁铮》曰："观其以阆风、玄圃为神仙群帝所居，是即以昆仑拟之天上。"简言之，东华洞的玄圃阆风匾之意，可分为"玄圃"和"阆风"，这两个古词皆指神仙在山顶的居所。因此，东华洞的创立可以说在南洋的霹雳怡保建立诸佛众神的山巅清凉居所。

中华民国拾五年冬月立

玄圃阆风

梁燊南　李谨初　李盛生　巫汉仁

何照轩　张信卿　曾益棠　何藻亭

岑祝三　曾育才　胡恩传　张义选

王振东　巫谷人　钟安然　仝敬赠

图 7—7　玄圃阆风匾（2017 年 1 月 14 日摄）

古钟［图 7—8（1）及图 7—8（2）］

风调雨顺

中华民国一十五年

岁次丙寅秋月吉日

东华洞

图 7—8（1）古钟（2017 年 1 月 4 日摄）

图 7—8（2）　古钟（2017 年 1 月 4 日摄）

庆　　诞

东华洞每年庆祝玉皇大帝千秋宝诞。每年的玉皇诞，东华洞都会设宴约六七十席，让信众和理事们同欢共庆。一般来说，玉皇大帝千秋宝诞与东华洞的周年纪念一起庆祝。除玉皇诞之外，东华洞也庆祝观音诞。庆祝观音诞庆典时，东华洞备有素菜来招待四方善信。

管理制度

东华洞自 1984 年向马来西亚注册局（JabatanPendaftaranPertubuhan Malaysia）注册后开始成立理事会，第一届理事会主席为李金才，目前是郭民众。每年，东华洞理事会主席需召开 14 次会议，并在 3 月之前召开会员大会。

轶　　事

根据庙宇理事会主席郭民众的说法，东华洞是一个充满灵气的道场，深得先人庇佑。之前，曾有一批善信上山，到该后洞去禅修。正当信众们聚精会神地静坐时，一个小孩突然看到一群身穿道袍的长者跟他打招呼。禅修结束后，小孩从后洞回到大殿，才发现方才向自己打招呼的，就和东华洞大殿左侧墙上所挂的道长相片一模一样（见图 7—9）。

图 7—9 玉皇殿左侧挂着道长们的照片。照片年份，照片内人物资料不详（2017 年 1 月 14 日摄）

附：田调札记

陈昭慧

完成书写工作，内心除了有如释重负之感，更多的是对这份差事的不舍。五月毕业前夕，毕业论文指导爱梅老师找我，问我愿不愿意与她合作进行怡保岩洞庙宇研究。那时候的我，对民间信仰的了解只限于观音菩萨、关圣帝君和九皇大帝，但却因为好玩，带上长于天主教家庭、对华人信仰系统摸不着头脑的明威，一起接下了研究助理这份差事。现在回想起来，还真为鲁莽的自己捏一把冷汗，但也感谢大胆的自己，接下那么具有挑战性的任务。当时的自己根本没想到，一个冲动的决定，竟为自己带来了那么多美好的回忆和进步。感谢和自己一样大胆的爱梅老师，把那么重要的计划交给我，并且不吝给予指导，教会我各种田调和查阅档案的技巧。

两百多个田调日子，我和搭档明威过着无序且“三不定”的生活——每日吃饭睡觉时间不稳定、每日行程不稳定、工作时间不稳定。一开始的探索阶段，我们每日驾着哥哥大方借出来的破车去探索山洞。我们穿越草丛和比人高的沼泽之地，和看起来像是港剧中黑帮走私军火之地的无人隧道，也走过还未被命名的石头路，野狗猴子共存的山区；不知是众神保佑还是什么原因，我们总是在到达荒山野岭，濒临绝望的时候会发现新庙宇。

真的很感谢明威当时肯接下这份工作。整个研究计划中，明威扮演着极其重要的角色。除了超强的吸收能力和扎实的文字功底，明威还有一个特质——就是刻苦耐劳。我这个人胆大心不细，喜欢与人打交道，因此田调过程总以为会收获良多，但回来整理资料的时候，我总发现自己的田调记录是不完善的。要不是明威在一旁默默为田调做备份记录，补充及整合资料，此计划也不会进行得那么顺利。更重要的是，在生死攸关的时刻，明威还是我的救命恩人，比如面对三只比我还高的狼狗飞奔过来的时候，明威会努力把惊吓过度、无法思考、愣在那里的我拉回车上（他那次也应该没想到，我当时的自然反应竟然是把他推向前去挡狗）。感谢田调过程有他的配合及陪伴，这次的研究才能硕果累累。当然，也不能不感谢男友国康及他的家人。是他在我和明威被莫名其妙的房东摆了一道后，给予我们容身之地，在我俩落魄的时候总是给予各方面的协助，甚至充当我们的司机和翻译员，我和明威才不至于凄惨落魄。也感恩把我当掌上明珠的父母无条件地支持，在整个计划经费还未批下来的时候接济我，并时时关心我的田调进度。此计划，要感谢的人太多，庙宇负责人、朋友等，恕我无法一一道谢，但你们的恩情，我会铭记于心。

陈昭慧于岩洞庙宇进行田野工作（杜国康摄于 2016 年 7 月 6 日）

田调的过程很累，但真的经历很多有趣好玩的事情。我和明威竟然有机会进入常年不开放的南道岩；喝到明心殿大伯爷赐的平安酒；到访犹如世外桃源的乐苑寺后洞；用不灵光的闽南语和来自泰国的森山佛脚庙住持沟通；亲眼一睹龚善德道长的真迹；为了记录墓地碑文进入墓园除莽草……要不是这次的契机，喜欢待在家滑手机的我怎么可能会有那么丰富的经历，从而了解马来西亚华人信仰的多元及特别之处？今天的我，困在“宫心计”剧情上演的办公室，完成着手头上任务不明的任务，更是怀念起单纯充实的田调时光……

写于2017年1月17日

Chapter 8: Sam Poh Tong

Toh Teong Chuan

Sam Poh Tong: A Buddhist cave temple with Chinese garden landscaping*

Located in the suburb of Ipoh along Gunung Rapat, the Sam Poh Tong, a name originally proposed by Rev. *Hong Chang*, was established by Rev. *Qing Xin* (1882—1963) around 1920 to 1930. The *Ci Hang* Temple, also known as Sam Poh Tong is about 80 years old and has been managed by three generations of abbots. Located near Simpang Pulai, both Sam Poh Tong and KwongFook Ngam stemmed from the same religious roots of the monastic system under the *Cao Dong* lineage of the *Meifeng* Guangxiao Temple in Fukien Putian, China.

The temple's oldest relic since its inauguration is a bronze bell bearing the inscription "*Minguo Xinwei Nian* (1931)". During the Japanese occupation, the temple's occupants were forced to move out to the rented houses in Ipoh and returned only after the war. After the 1950s, under the leadership of Rev. *Zong Jian*, many programs were planned and launched in Sam Poh Tong to reorganize the temple and rekindle its relations with the local communities, such as the provision of vegetarian meals. This move marks the first of such kind in Ipoh which has been continued for more than half a century now.

The splendid appearance of Sam Poh Tong today marks the fruits of the second and third generation of abbots, following a mine collapse accident at Gopeng Road in 1974 which caused the serious damage to the temple. Apart from that, the temple also serves as the first civil organization to provide cremation services as well as niches and memorial tablets for the dead. Through these efforts, the Sam Poh Tong retains its close connections with the local communities.

As a famous religious tourist spot ever since its early days, the Sam Poh Tong has made its mark and is able to attract huge number of visitors to Ipoh. Given the present abbot's appreciation of a Chinese classical garden, the lotus pond in front of the cave has been expanded and reconstructed with additional rockeries, thereby incorporating a beauteous Chinese classical garden within the cave temple.

第八篇

三宝洞

——园林造景的岩洞佛寺

杜忠全

基本简介

怡保一带多据岩山以营建道场的佛教寺庙，三宝洞绝非最早的，却是迄今少数尚有常住僧人的战前岩洞佛寺。作为宗教旅游圣地，三宝洞很早就已打开名气，访怡游客多会到此；该洞洞外原有荷池，现任住持雅好园林艺术，遂增建荷舫、整治荷池及堆砌假山，进而营造成一园林造景的岩洞佛教道场（图 8—1）。

三宝洞位于怡保市近郊的昆仑喇叭（Gunung Rapat）区，是怡保旅游的代表性景点之一。在游客所趋的各岩洞中，早期的三宝洞“为怡保各岩洞占地较广，设备较美者，较引人入胜者”①。早前原有慈航禅院之名②，由清心法师（1882—1963）于 1926 年正式开山建寺。三宝洞创建为佛教道场之前，原有僧人依天然岩洞以穴居及潜修。20 世纪 20 年代后

---

① 《古岩新刹 相得益彰 怡保三宝洞 华严阁建成》，《南洋商报》1967 年 10 月 30 日。此资料是由开谛法师提供。

② 按广福岩所存的清心法师法相，署有“开山慈航住持清心和尚肖象”，而祖堂所奉的历代僧人莲位木主，则有“曹洞正宗三宝洞开山第一代腾廉字清心老和尚莲位”，可见“慈航”与“三宝洞”之“开山”，所指的是同一件事。如此，三宝洞的开山钟所铸的“慈航禅院”与三宝洞，并非两处所在。

图 8—1 三宝洞外观全景（2017 年 2 月 9 日摄）

期，原住岩洞修行的宏昌法师与清心法师是挚交，觉得该岩洞具开发及营建道场的绝佳条件，遂邀请后者前来勘察环境，进而有三宝洞之创建，前后历经十余个年头才完成。该佛寺今存年代最早的文物，为 1931 年（民国辛未年）所铸铜钟一口，当是该寺的开山文物，上署“慈航禅院”，按此可知，该寺亦有此名。另一早期文物，为主殿大雄宝殿前部“兜率宫”的匾额，志明 1936 年（民国廿五年）所立。此当为三宝洞依岩山的天然构造来营建佛寺初期，按建筑工程之进度而次第安置的开山文物；该寺在 1974 年 2 月遭水灾，文物损毁或遭窃[①]，今无法窥见全貌，应在情理之中。

作为佛教道场的三宝洞，开山至今已 90 年，迄今传衍了三代住持。

三宝洞的建筑群，多依岩石山体的自然构造来营建，再延伸为洞外建筑，其作为佛教道场的核心部分，即该道场的主佛殿大雄宝殿，也都按岩洞空间的自然延伸来规划与布置，其内部宽敞，可进行宗教法事与修持活动。大殿外面，也即在岩洞外开辟了造景园林，园中有荷花池，傍水有楼阁荷舫，可说布置得雅致非常，尤其是花园中还有小桥曲径，绿草如茵，

---

① 《泥封三月 今始一探 三宝洞满目疮痍家私毁佛像被窃》，《南洋商报》1974 年 5 月 15 日。此资料是由开谛法师提供。

置身其中，让人甚感惬意（图 8—2）。

图 8—2　三宝洞园林区（2017 年 1 月 20 日摄）

位置简介

三宝洞位于怡保市昆仑喇叭区，距怡保市旧街场约六公里。同一座岩石山脉，从高速大道的路口拐入，相毗邻的三座岩洞庙宇，依序是灵仙岩、南天洞及三宝洞，分属民间信仰、道教与佛教信仰。三宝洞以白石墙围起，开二两道门，采单向行驶进出式。进入围墙的闸门后跨过拱桥，右侧是山水亭阁的假山园林设计园区，一汪碧池，鲤鱼漫游其中，池中假山堆砌，有水中拔起之势，从拱桥望过去，外形为船舫的荷舫在荷池的另一端遥遥相对，飞檐红柱的阁楼则在依山的内侧，放眼极目，便是一幅美好景致了。左边则是绿木青葱，而挨着围墙的狭长形草地，沿着往里走，最后是开山祖清心法师的纪念塔；该塔原在园林区外的政府地段，较目前的所处位置来得偏远，现任住持购置山前的平地，加宽三宝洞所属的土地范围之后，才将开山祖师纪念塔迁建到目前的位置。

沿拱桥直走，便是三宝洞的主体建筑，即依岩山石洞的自然山体而建的主殿。该主殿的空间依岩洞山体来设计，入口上方的岩壁上书“大雄宝殿”四个大字，为新加坡的松年法师（1911—1998）所题[①]。三宝洞主体殿堂的布置，不若一般大型的佛教道场，采多殿式来供奉各阶次佛、菩萨的建筑格局，而将内部空间最宽敞的岩洞统称大雄宝殿，再将该空间分区规划，形成岩洞佛教道场特有的空间布置。三宝洞的大雄宝殿在岩洞入口开始往内延伸，登上几级台阶之后，岩洞入口的甬道设为小型流通处，为进香的信众提供香烛、简单供品等的销售服务，也在岩壁上设签诗版，分别有两套，即坊间通用的100支观音灵签，以及较少见的十八罗汉签。沿甬道进入岩洞，两边岩壁分别架上木龛，分上下层，上层分隔成前后两半，分别安置两尊坐式的四大金刚；此四尊两对的四大金刚，是现任住持会庆法师自中国悉心物色而得的，受岩洞空间的高度所限，此四尊四大金刚的塑像并不特别高大，惟神态栩栩如生，看得出是精工所塑及上色。当中一佛龛，面向岩洞外笑脸迎人的，便是当来下生成佛的弥勒菩萨了，“兜率宫”的题匾嵌在弥勒菩萨佛龛的最上方，该匾是开山文物之一，龛中的弥勒金身，也是开山初期供奉至今的（图8—3）。该佛龛面向岩洞的背面，则如一般汉传中国佛教的佛寺布置，供奉了护法韦陀尊者，该韦陀尊者是将手里的降魔杵触地而立，按传统即表示该洞是子孙道场，不提供十方云游僧挂单。

越过弥勒佛龛往内而入，便是供奉教主释迦牟尼佛的皇梵殿；除了主佛龛分别供奉缅式坐姿玉佛和卧佛之外，前方的供桌也供奉有西方三圣、观音菩萨等。皇梵殿正前主佛龛的左侧，则在岩壁上嵌入约莫高于人头的多层式佛龛，除了当中是坐式观音金身外，也分别安置了十八罗汉；集十八罗汉于一水泥佛龛，而非分左右两侧，也是三宝洞特有的岩洞环境而与一般佛寺的布置有所差异之处。

大殿二楼是诸天殿，正中是道教与民俗所奉的玉皇大帝，两侧各有12尊天人，合计24尊，故称诸天。自此层往外延伸而出，可走到另一岩洞，内供奉准提菩萨，背后有立式的西方三圣。

---

① 松年法师1949年离开中国，20世纪50年代间先后在马来亚的槟城洪福寺、金马仑三宝万佛寺等寺庙驻锡，也一度在三宝洞闭关三年，其后乃赴新加坡并接管菩提阁。按此，松年法师与三宝洞自有渊源；按会庆法师所说，此“大雄宝殿”题字是其师父宗鉴法师邀松年法师挥毫写下的。20世纪50年代开始，宗鉴法师已是三宝洞的实际管理者，松年法师在三宝洞闭关期间，正是宗鉴法师主导三宝洞寺务的年代，此题字应出自此时期为是。

图 8—3　三宝洞弥勒佛龛（2016 年 12 月 25 日摄）

大雄宝殿的右侧另成一小洞，供奉地藏菩萨，两侧的木龛，分别是民间传说的十殿阎君；该十殿阎君是以彩画呈现，左右两侧各五幅镶在相框中。大殿正佛龛的后面，另有一廊道，沿此走出洞外，早期是龟池，开山时期即已规划，迄今依然如是。现任住持在原有设计踵事增华，约千禧年前后在龟池的另一面的坡地上增建大悲殿一座。该中式红柱飞檐的大悲殿门前的一对石狮有别于一般，是西式的狮子造型，连同台阶下前方的小型喷水池上的西式铜雕，形成有趣的中西对话画面（图 8—4）。

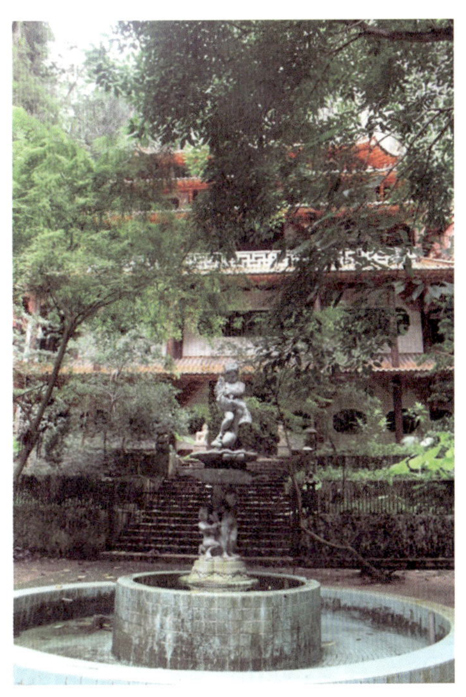

图 8—4　三宝洞大悲殿的中西对话（2017 年 1 月 2 日摄）

大雄宝殿洞外左侧的客堂，其建筑也是依岩山洞穴的山体空间来规划（图8—5），登上岩壁上的建筑，可眺望前方的开阔景致（图8—6）。该客堂为三宝洞开山的战前时期，便已出现的建筑，唯今日所见的规模，是经第二代住持重新整修及第三代住持再行翻修及往上增建而得（图8—7）。从客堂穿过按原岩洞下方的山脚地势整修的通道，便是别有洞天的斋堂，也是第二代住持时期开始规划及增辟之对外经营的素食斋堂，信徒或游客乃至远近的食客，都能到此用午斋。客堂建筑外侧辟有汽车通道与停车场，可供停靠五六辆车。该通道在第二代住持时期即有，唯往上增建为三层式毕波罗窟，则是第三代住持所修。汽车通道之外一檐相连的，则是假山园林的长廊，假山荷池的水，便在廊外荡漾了。

图8—5　三宝洞客堂、毕波罗窟等建筑所依的岩壁，本书摄影邓汶康正在进行拍摄工作（陈爱梅摄于2017年1月21日）

图 8—6　在三宝洞登高拍摄的怡保市南旧景致，可见远山迤逦，近处尚为水稻田（马来西亚国家档案局典藏，编号 2011/0000020）①

图 8—7　三宝洞客堂（2016 年 12 月 25 日摄）

---

① 档案局马来文简介："Pemandangan dari Kuil Buddha Sam Poh Tong, ke pekan Ipoh-November 1957"，即"从三宝洞佛寺至怡保市镇的景色——1957 年 11 月摄"。

面对假山园林的，是在原有的单层建筑上增建的，取名“毕波罗窟”，题匾者是竺摩法师（图8—8）。该楼层沿狭窄的回旋梯级而上，是1984年现任住持接手之后所修，室内正中供奉释迦牟尼佛，两旁迦叶与阿难侍立，背后是诸比丘僧环绕闻法。

图8—8　三宝洞毕波罗窟，题匾者是竺摩法师（2017年1月20日摄）

大雄宝殿的右侧毗邻的建筑，早期是檀越坛，1974年大水灾之后经第二代住持整顿与翻建后，底层是祖堂，一楼为西方殿（图8—9）。该建筑虽依偎着山壁而建，但往外增建的部分较多，是结合岩石山壁与人为建设部件构成的建筑。

图8—9　祖堂与西方殿（2017年1月21日摄）

沿祖堂建筑外的步道往里侧走去，一边是草木扶疏的园圃，尽头是一道闸门，上书“化城”二字，规划为市民安奉先人牌位的区域，早期的火化场也在这里，唯原有的三座火化炉现已停用，仅保留为怡保一带最早的火化场作历史见证了（图 8—10）。现今的火化场在毕波罗窟建筑尽头往内的走道尽头的另一侧，穿过般若门，可见，大片宽敞草地背后的一栋双层长形建筑“华严阁”，该坐落在石山脚下的独栋长形建筑为安奉先人骨灰的“功德堂”。新安置的五座火化炉，便在华严阁的背后。这样，较之早前，火化场已较先前的离开人群更远，也更符合卫生条件了。

图 8—10　“化城”是祭祀先人牌位的区域（2016 年 12 月 25 日摄）

华严阁其实是第二任住持宗鉴法师耗资 6 万马币历时 2 年增建的，1967 年 10 月落成，11 月 5 日正式开光启用，当时的霹雳苏丹伊德里斯殿下（Sultan Idris Al-Mutawakkil Alallahi Shah II）应邀莅临主持剪彩启用仪式，时任马来西亚佛教总会主席的竺摩法师主持开光说法[①]（图8—11）。该阁前有大片草坪绿地，旁有可同时停放上百部轿车的空地，并砌有喷水池，池中种荷与养鱼，结合楼阁与广大的绿地，尉为一景，故而落成之初，有报道为此闻名遐迩的怡保景区极尽欢呼与颂赞。[②] 唯落成使用未及5年，即遭1972年2月的大水灾，建筑体虽未遭大幅度的毁损，然而原有的喷水池等景观设计已难以恢复，迄今仅保留为存放骨灰之阁。

SULTAN OPENS CHINESE TEMPLE

IPOH, Sun.—The Sultan of Perak today opened the new $60,000 Wah Yim Kok temple, adjoining the famous Sam Poh Tong cave temple.

He said that the country comprised various races of different religions and cultures and in the spirit of give and take prevailing in the country he as a Muslim felt no qualms about attending a Buddhist function.

More than 1,000 guests sat at a vegetarian lunch.

The new temple is the brainchild of the cave temple's chief priest, the Venerable Choong Kam, who said that the money for its construction was saved over the years from offerings made by devotees.

Prayers and offerings to mark the official opening will be held for five days.

The Straits Times, 6 November 1967, Page 7

图8—11　1967年11月6日《海峡时报》关于霹雳苏丹莅临主持三宝洞华严阁开幕的报道（开谛法师提供）

---

① Sultan Open Chinese Temple, *The Straits Times*, 6th November, 1967, p. 7.

② 《古岩新刹 相得益彰 怡保三宝洞 华严阁建成》，《南洋商报》1967年10月30日。此资料是由开谛法师提供。

寺庙简史

三宝洞与距离不远之新邦波赖（Simpang Pulai）广福岩寺，具有法脉与历史关系，二者都是福建莆田梅峰光孝寺的寺院系统。就佛教寺庙而言，所谓“先有广福岩，后有三宝洞，再有金马仑三宝万佛寺”①，这言简意赅的一句话，道明了马来西亚这三座佛教寺庙先后成立的时间脉络。

作为宗教徒的修道场所，怡保近郊的岩洞佛寺，以其隔于尘嚣具难得的僻静，因此获修道人的青睐。三宝洞所在的岩山石窟，在正式辟建为佛寺之前，也早为禅修的僧人所居。1923 年，年杪起即继任怡保南郊广福岩寺住持的清心法师，经同为出家僧人的宏昌法师的建议，到三宝洞所在而毗邻于南天洞的岩山地带勘察。宏昌法师，生殁年与行迹均未详，唯曾在此住山岩居以禅修，并与清心法师为挚交同道；今三宝洞主殿入口的上方岩壁，尚留有《宏昌师入洞题》七言古诗一首，末署“弟吴由富手书”，唯未署年月（图 8—12）。② 此宏昌师是否即与清心法师挚交者，今未见有其他资料可兹佐证。无论如何，因宏昌法师的体验和建议，清心法师便从也是近打河谷一带的岩洞佛寺广福岩寺北上，到更临近怡保市区的岩石山脉勘察环境，深觉该岩山之地貌及其周遭环境，极适合开辟为道场，遂协同建议人宏昌法师一起着手设计营建道场的蓝图，而于 1926 年启动建寺工程。

三宝洞之开山，来自广福岩寺的清心法师当是关键性人物，他也是三宝洞的开山住持。此外，三宝洞自荒郊的岩山营建为具规模的佛教寺庙，当然不是一人之力所能办成。按现今广福岩寺所供奉之法脉内的历代僧众牌位，除了“三宝洞开山第一代腾廉[字]清心老和尚”，还有特予冠以“护持开山三宝洞”的今纯字宗绕法师、今篆字宗乘法师与今了字宗道法师

---

① 会庆法师所说。2016 年 9 月 25 日上午于怡保三宝洞斋堂与会庆法师访谈，访谈人：杜忠全、陈爱梅。

② 兹录该诗如下：“人生在世极奔波，贫穷富贵又如何？富贵难免轮回苦，转身便要出忧何。世界本是色心造，一念不觉到娑婆，四大分开无你我，还有这样一快乐。”

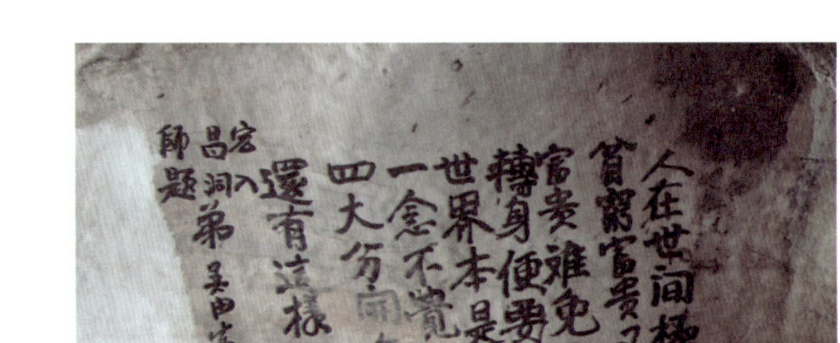

图 8—12 三宝洞主洞入口岩壁的《宏昌师入洞题》（2017 年 1 月 21 日摄）

等（图 8—13）。按此而言，除了开山和尚清心法师之外，至少还有上述几位清心法师门下而也是来自广福岩寺的出家僧人宗绕、宗禅和宗道等法师一起协助料理相关的事务。这些协理清心法师“护持开山三宝洞”的门下弟子，身负包括披荆斩棘、凿岩移石等的粗重活，唯最后都未留守三宝洞，如宗绕、宗道法师都到新加坡开山建寺，另一清心法师弟子宗尚法师，也到新加坡展开弘化事业，据知一度在光明山担任监院。清心法师的门下弟子颇出僧才，可见一斑。

图 8—13 三宝洞开山清心法师和“护持开山三宝洞”之诸“今”字辈法师莲位（2017 年 2 月 11 日摄于广福岩）

三宝洞外地方政府所立的旅游景点国（马来）文与英文说明石刻，指“三宝洞被发现于1921年”，不晓得这一发现年代究竟是何所据？无论如何，三宝洞今存年代最早的开山文物，是一口志明“民国辛未年”的铜钟，这一年是公元1931年。按理而言，铸造开山钟，当是寺庙的主体建筑已具规模，同时已可进行日常的宗教活动，如晨昏时分僧众循例进行早晚课颂，因此有晨钟暮鼓等法器之需。按此而言，铸在钟上的年份，一是该钟所铸年份当数无疑，再则是三宝洞已然开山及开展日常宗教活动，这也是可以肯定的，但不可将之视作该寺建庙工程动工的年份。可以这么说，至迟到1931年，三宝洞的主体建筑已完成并启用，自此以降就已是晨钟暮鼓的佛教道场。在此之前，应需要三数年的时间来进行工程乃至筹措建庙资金，前述的1926年启动建庙工程，是在合理的时间年限内；清心法师庆祝七十寿辰，同时也是三宝洞开山二十五周年纪念的双庆典留下一张纪念性的集体合影，该旧照下方有“怡保三宝洞庆祝开山廿五周年并逢开山住持清心老和尚七秩寿辰大典摄影纪念。一九五一七月廿七”的题记（图8—14）。[①] 按此照推知，该洞开山于1926年，而所谓1921年发现之说，则是三宝洞的“史前史”，或指清心法师受邀前来依山营建道场之前，四方禅僧前来入住这怡保近郊的岩石洞穴，此处既可以遮阳挡雨又气温宜人的自然岩洞，在远离市嚣的同时，也具备获得城市物质补给的便利。此外，毗邻的南天洞早为道士开山营建道观与岩修，这一带的山脉久为佛、道修行人所青睐，应有其一定的主客观条件。

20世纪二三十年代，时由广福岩寺北上的清心法师带着门下僧俗弟子披荆斩棘地开山始建之后，作为僧人住持的佛教道场，也结合当地的地貌条件，发展为怡保一带著名的旅游景点，凡到怡保旅游者，几乎都会到三宝洞一游。“二战”期间，该道场为日军所占，寺众被迫搬到怡保市区租房暂住，直到战后日军撤退，才返回整顿。

三宝洞迄今历经了三任住持，亦即历经三代传承。清心法师开山之

---

① 此旧照档案由宝誉堂常住法师，也是马来西亚佛教僧界史料整理者开谛法师提供，特此感谢。唯按谢之光编《马来西独立大典纪念册》（吉隆坡独立出版社，出版年不详），第435页所刊该寺宗鉴法师之独立祝词，指该寺“创建于公元一九二二年，开心法师之清心方丈……”未详该922年创建年份所据，谨以存查，特志之。感谢宋燕鹏教授提示。

图 8—14　三宝洞庆祝开山廿五周年并逢开山住持清心老和尚七秩寿辰大典纪念照（开谛法师提供旧照）

后，其弟子宗鉴法师（1916—1981）在他晚年的 20 世纪 50 年代以降即继承及主持该寺，前后达 40 年左右的长时期，期间历经该地区的矿场坍塌，三宝洞外为浊黄的泥水所淹，平地建筑几乎水漫及屋顶，唯大殿所处的岩洞地势较高，前半仅及脚跟，后半主佛龛所在的位置基本上完好无损。无论如何，主要岩洞外的附加建筑严重毁损，灾后启动重建的繁重事务，仍由宗鉴法师率门徒操持，重建及整修工程历经两代的住持接力进行，严重毁损的旧建筑予以重建之外，也翻新旧建筑，楼阁馆宇，较之受灾前更为堂皇。

三宝洞即是旅游路线中的热点景区，也与怡保人的生活息息相关。除了日常与逢年过节的入庙祈福、日常的午间素食，三宝洞也是当地其中一个最早提供火葬服务的民间机构[①]，连同火化后的骨灰安奉乃至祖先牌位的供奉，都是三宝洞对当地民众的服务项目。直至今日，三宝洞传承三代住持，结合了休闲旅游、素斋、火葬与先人骨灰及牌位安奉服务，而与远近游人乃至怡保市民建立了密切的关系。

① 另一火化场为胜进法师（1891—1974）所创的东莲小筑，年代稍迟于三宝洞。

三宝洞现今维持尚日常的宗教活动，该道场的信众逢星期日上午都会到大殿进行诵经共修，所诵念的有《金刚经》《普门品》《阿弥陀经》等几部经典。共修会结束，则到斋堂用午斋后离去。

奉祀对象

三宝洞是佛教道场，主殿前部的弥勒宫供奉弥勒菩萨，两旁则有四大金刚。这是传统中国佛教寺庙的格局，以兜率天的补处菩萨弥勒作道场入门第一殿；同一佛龛的背后，则是护法韦陀菩萨。两侧的四大金刚分别是北方多闻天王、东方持国天王、南方增长天王及西方广目天王。值得一提的是，三宝洞的四大金刚是采坐姿的，每一尊天王都配有精雕的大红木椅，与多数采站姿的四大金刚略显不同（图 8—15）。

图 8—15　弥勒宫其中一对坐式的天王像（2017 年 1 月 21 日摄）

皇梵殿是大雄宝殿的主体部分，也是三宝洞的核心部分。该殿主龛供奉教主释迦牟尼佛，两旁是迦叶尊者和阿难尊者，佛像是从缅甸运到的玉佛，木制佛龛精工雕饰，极为可观（图 8—16）；同一佛龛的下方，还有玉雕的缅式卧佛一尊。坐式玉佛原拟供在槟城鹤山极乐寺，运抵之后，发现以当时的运输条件，运上鹤山山麓的极乐寺具有一定的难度，因而作罢。该洞的开山住持清心法师是当时的极乐寺第二代住持本忠法师（1866—1935）的法子[①]，因此该玉佛便转运到三宝洞，包括两旁的迦叶与阿难尊者在内，此后供奉至今，是该岩洞佛寺的开山文物之一。主龛前的供桌，也供奉了泥塑的汉传西方三圣像及观音菩萨金身等。

图 8—16　三宝洞皇梵殿主佛龛，坐式玉佛是缅式的（2016 年 12 月 25 日摄）

同样在大雄宝殿内，主佛龛前左侧的岩壁，则以水泥砌成十八罗汉龛，除了 18 尊造型各异的罗汉金身，正中也供奉了观音菩萨。大雄宝殿后侧，也供奉了幽冥教主地藏菩萨，民俗的十殿阎君以彩画的方式分列

① 法子即法脉上前后代的直系关系。

两侧。

此外，按汉传佛教对中国诸神的包容与融合，三宝洞也供有孔夫子、关公、玉皇大帝等儒家圣人、道教及民间神诸神。

历任住持

开山和尚清心法师

清心和尚，俗姓黎，出家后法名清心，字腾廉，1882 年（光绪八年）十一月二十八日生于中国广西桂平县（图 8—17）。1916 年，法师时年 35，投怡保南郊的广福岩寺，由住持微嘉老和尚剃度出家，自此以法号清心行世，故而其剃派承曹洞宗寿昌法脉，按世系偈“慧元道大兴，法界一鼎新，通天并彻地，耀古复腾今”二十个字中，清心法师属“腾”字辈。清心法师另接极乐寺第二任方丈本忠和尚的鼓山曹洞法脉，其法派后传霹雳金马仑三宝万佛寺的开山住持雪山法师（？—1955）。

图 8—17　开山和尚清心法师法相
（2017 年 1 月 21 日翻拍）

清心法师以 35 岁之壮龄落发为沙弥[1]，并在剃度后常住广福岩随师修学沙弥行，足两年，衔师命回中国，先到福建鼓山涌泉寺瞻礼祖庭，同一年，在鼓山曹洞寿昌支派系统的梅峰光孝寺受具足戒，成为具足戒比丘。此后继续住山研学戒律，经数年之后，学戒有成，乃行脚朝礼名山，

① 以上参考于凌波《清心法师》，转引自开谛法师编著《南游云水情·佛教大德弘化星马记事（1888—2005）》，槟城宝誉堂教育推广中心 2010 年版，第 134—136 页。

包括江南一带的普陀山、九华山等名山古刹，都曾到访参学。完成这一参学行脚的修学过程，才返回马来亚。

清心法师圆戒并完成传统的僧人学修之后返马，随即次第展开弘化事业。他曾襄助会因法师在吉隆坡增江区创建大觉华寺，也曾因为新加坡的善信赠地，而在芽笼创建天济寺。1922 年，应达明法师（1889—1966）之邀，清心法师接任玉皇殿住持，此后与达明和尚一方面重修该寺的旧建筑使之焕然一新，另一方面也积极展开弘法，以广纳在家及出家佛弟子。1924 年春，槟城极乐寺本忠和尚受鼓山涌泉寺之邀，回鼓山启建传戒法坛，1923 年冬，清心法师率五十余徒众回鼓山祖庭求戒，其短时期在新加坡所感化的出家弟子之众，可见一斑。

因剃度恩师微嘉老和尚之命，清心法师离开新加坡，返回剃度常住广福岩寺。此后，清心法师以广福岩寺为基地，除了重修该寺，使略显残旧的旧建筑经修整而景观大新，对也在怡保一带的金刚洞[①]，也一并予以协助修葺旧观。1926 年，有感于吉隆坡的灵山寺年久失修，恐有倾圮之虑，乃领僧俗弟子前往展开修寺工程，几近一年而完成修建工程，仍交由会因法师住持。法师本着公心对旧寺维修之落力，令人钦佩。

三宝洞之开山，缘于宏昌法师。宏昌法师曾在此处住洞修行，觉得天然条件甚优，约请清心法师来勘察，并营建为正式的佛教道场。清心法师看过该岩山的地貌，乃与宏昌法师协力规划，并按两人所设计的蓝图于 1927 年动工。三宝洞开山期间，清心法师率门下弟子宗道、宗乘、宗绕等人与工匠同住洞中，协力清理环境，一边在石灰岩壁上施工，经十多年之久，才完成结合自然山体与土木构件结合的石窟寺之创建工程。

清心法师虽常年投注心力于修寺建寺，但主要是凭自身宗教情操的愿力来办成，而非对外积极募化资金。此外，其一生行谊中，颇受瞩目的部分尤为修寺建寺，但他在修持上自律甚严，除了随缘接众，也曾一度在三宝洞闭关自修，期间既持诵《华严经》，也披阅《大般若经》，并且以顶礼《法华经》为修持功课。

---

① 金刚洞虽有“洞”名，却非岩洞佛寺，而是坐落于怡保市区的一座佛教道场；怡保岩洞佛寺之深入民心，地方上之风气所及，于此可见一斑。

清心法师营建及住持三宝洞，也曾在三宝洞传授三皈五戒，参与戒会者数以千计，其感召力之广，追随信众之多，于此可见。

1963 年 7 月 11 日，清心法师以世寿 82，戒腊 57 之高龄圆寂，经一连七天的佛事追荐法会后，于 7 月 17 日在三宝洞火化场进行荼毗大典，演培法师特别应邀前来主持说法起棺材仪式[①]。

第二任住持宗鉴法师

宗鉴法师（1916—1981），俗姓林，1916 年（民国五年）出生，祖籍广东省清远县。（图 8—18）

图 8—18　宗鉴法师法相

（2017 年 1 月 21 日翻拍）

1930 年，法师 14 岁（虚岁 15 岁）投三宝洞[②]，依住持清心和尚披剃出家，随后以沙弥行参与清心法师的三宝洞开山建寺工作，同时学习佛门仪轨及朝暮课诵。1937 年 21 岁时，奉师命赴中国广东，在曹溪南华寺依当代禅宗巨匠虚云老和尚受具足戒，成为正式比丘僧。戒会后，他继续留下以学习毗尼，对于僧团规律、学佛行仪等，都在传统僧团中悉心学习，以求进一步坚定道心。圆戒及学习戒行之后，宗鉴法师仍返回剃度常住怡保三宝洞，追随及协助乃师经营寺庙。法师虽年轻，却持事稳重，深为清心法师所倚重，举凡道场的弘化事务，多委以执行。

---

① 《怡保三宝洞开山方丈 清心遗体火葬 高僧居士三千人观礼》，《南洋商报》1963 年 7 月 18 日，第 11 页。

② 参考于凌波《宗鉴法师》，转引自开谛法师编著《南游云水情·佛教大德弘化星马记事（1888—2005）》，槟城宝誉堂教育推广中心 2010 年版，第 138—139 页。

宗鉴法师的剃派为清心法师下的梅峰系统，为曹洞寿昌法脉中“耀古复腾今”之“今”字辈，唯他另接天台宗华智法师（1887—1949）法脉，华智法师的法脉上溯近代天台宗名宿谛闲大师（1858—1932）。

三宝洞开山住持清心法师虽在1963年才圆寂，但在此之前十余年，三宝洞已交由宗鉴法师全权管理寺务。按旧剪报资料，1950年，三宝洞邀约怡保报界欢叙素宴，事后报道，即称“由该洞主持人宗鉴法师亲自招待”[①]，1951年，三宝洞开山住持清心法师70寿辰，宗鉴法师亦以住持之职称主持该活动，新闻报道有“该寺住持宗鉴法师致欢迎辞并列述该寺历史”句。[②] 1954年，三宝洞义卖素食以凑资捐献南洋大学，相关新闻也称“怡保游览胜地三宝洞之主持人宗鉴法师”[③]。按此可知，至少自20世纪50年代之后，开山住持清心法师已退居，宗鉴法师为三宝洞的管理者，尤其对外全权代表三宝洞主持道场活动及发言了。

宗鉴法师承剃度师父清心法师的嘱咐，继承及维持了三宝洞之余，也有所发展。在他管理三宝洞期间，积极与当地社会联系，除了在三宝洞辟建斋堂对外公开销售素斋菜[④]，方便吃素的信众在外摆宴招待亲戚朋友或吃简便的素食餐，也借三宝洞的素斋邀请当地包括报界与社团来交流，以建立融洽的社会关系。此外，他更一度拟在三宝洞设立羽球场，以便当地民众进行体育活动，据知此事并未落实。[⑤] 这可见，宗鉴法师除了以宗教服务社会，并以旅游带动地方经济之余，也亟思对当地民众的健康生活有所贡献。更不能不提的是，三宝洞一度设立的安老院，对晚年有意亲近宗教的地方耆老，予以极大的便利。这一安老院的始创年代无以追溯，唯在宗鉴法师管理期间，曾有近百人之数。无论如何，在1974年遭矿场坍塌

---

① 《怡保三宝洞拟设羽球场》《南洋商报》1950年7月30日，第11页。

② 《怡三宝洞寺庆祝廿五周年纪念 暨创始人清心法师寿辰 大设斋宴招待善男信女》《南洋商报》1951年7月30日。此资料是由开谛法师提供。

③ 《怡保三宝洞义卖素菜助南大相士天灵子献捐相金两天》《南洋商报》1954年8月15日，第11页。

④ 这一设斋堂贩卖素食之事，自宗鉴法师时期倡议及落实，其实为尚健在的开山住持也是其剃度师清心法师颇不认同，以佛教道场不应涉及营利性质的事业，唯宗鉴法师另有想法而坚持执行，让三宝洞成为怡保一带早期为数不多的素斋餐供应所在，也一直持续经营到现在。此按2016年12月23日与会庆法师谈话所得，访谈人：杜忠全。

⑤ 2016年12月23日与会庆法师访谈于三宝洞客堂，访谈人：杜忠全。

之灾后，因考虑到维持不易，遂不再接受新的入住者，直到住众都谢世，便自然结束，但这应一直延续到 20 世纪 90 年代。

1981 年 2 月 6 日傍晚 6 时，宗鉴法师示寂于怡保法蒂玛医院（Hospital Fatimah），实岁 65，虚岁 66，积润 69，戒腊 45 岁秩。

第三代住持会庆法师

会庆法师（1951—　），祖籍广东番禺，1951 年出生于马来西亚北部的吉兰丹州。1973 年，会庆法师礼吉隆坡沙叻秀（Salak Selatan）般若精舍龙洸法师为师剃度出家，法名宗自，字会庆。[①] 同时依止三宝洞住持宗鉴法师，后者按该洞所传曹洞寿昌派“今日禅宗振”为取法名日法，承宗鉴法师之“今”字辈；接宗鉴法师所传天台宗法脉时，一仍其旧，未改名号。出家的翌年，法师在槟城极乐寺圆戒，得戒和尚为白圣法师（1904—1989）。在此之前，法师已先赴槟城学习，该年 2 月，三宝洞发生水淹事故，幸得避其祸。

1977 年，会庆法师赴台湾地区入读道源法师（1900—1988）创办的能仁佛学院，1979 年学成返马，协助法师父宗鉴法师管理及发展三宝洞；1981 年宗鉴法师圆寂之后，继承该道场的住持职务，直至现今。

三宝洞现今所见的规模，多为灾后宗鉴法师与继承人会庆法师予以翻新与重建的。会庆法师接掌之后，自 20 世纪 80 年代中期直至千禧年之间，先后修建了三宝洞的牌楼、洞外的荷舫、整治荷花池并堆砌假山于池中，就原客堂建筑进行整修，并在楼上增建为宿舍，最后在大雄宝殿内增辟大悲殿，此次第整治与修建工程，约于千禧年之后完成，让三宝洞呈现为现有规模。此中，其就原有的洞前荷池凉亭规划为山水亭阁的园林景观，此为本地较少见的园林设计规模，让进入山门的访客放眼即见赏心悦目的造园景观，入此景区道场，备感心旷神怡。

---

① 其法名上字“宗”是曹洞寿昌派“耀古復腾今。今日禅宗振”之“宗”字辈，字号上字“会”为福建宁化光严寺所传曹洞宗第四十六世如义耀〇禅师另演寿昌支派之“如意贤善宝，坚龙会德云，真心常显妙，本觉永昌明。理悟性安乐，果证知晏清，光华恩普映，瞻仰愿恒钦”中之“会”字辈。

文物概况

现存于三宝洞二战前的文物仅有两件，即铜钟一口（图 8—19）和“兜率宫”匾（图 8—20）。此外，三宝洞保存的题匾和书法作品不少，本文仅挑选其中数件对有关建筑之竣工与启用志以日期者（图 8—20 至图 8—23）。

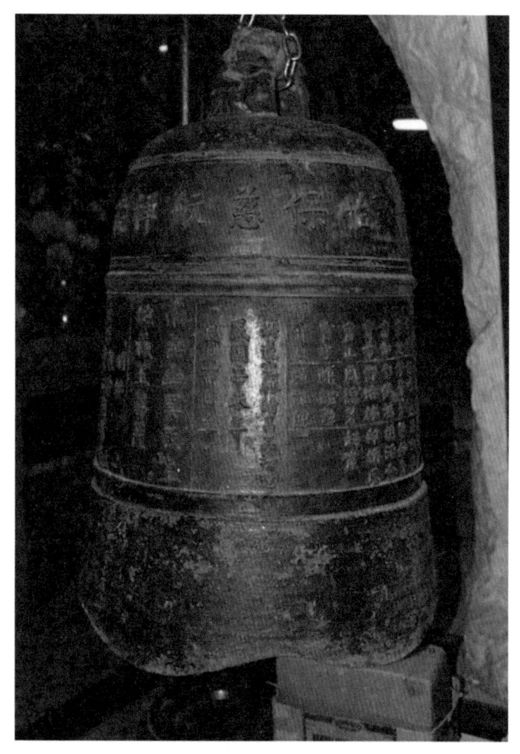

图 8—19　1931 年（民国辛未年）所铸的铜钟一口（2017 年 1 月 21 日摄）

录文：

怡保慈航禅院宝钟

愿此钟声超法界 铁围幽暗悉皆闻

闻尘清净证圆通 一切有情成正觉

闻钟声 烦脑轻 智慧长 菩提生
离地狱 出火坑 愿成佛 度众生
破地狱真言唵咖罗帝耶莎婆诃

福州莲宅林绪昌工场造
民国辛未年良月吉日立
南无幽冥教主地藏王菩萨
主持明妙、观修、清心、宝松敬募造

郑秀英　林妙兰　林翠兰　陈宝印　戴宝星　徐宝训　高天明
　　陈佩文　神阿什
谢裕雪　欧阳龄　麦道成　陈通音　郭宝云　曾宝华　黄福堂
　　自在岩　罗鸿泽
释达善　宗平　宗律　宗御　宗乘　宗健释　宗镜　宗弥　宗定
　　宗伽　宝希　宝正　宝才　释宝贞

释宝舜　宝美　宝隆　妙通　德修 释智海　妙溪　朱仔　朱女
释宗邦　梁葛昌悦来号　黎敬廷　高业泉　陈爵德　唐百奇陆柏高
　　释氏流民
欧阳罗氏　郭西阿　梁弟子　叶志修　黎纯慧　侯寂光　周敬　何啤
　　缪秀芬　邓锡鸿　邓培林　周德芳　陈证勲　黄正愍

周乘玲　本志　森勤　法波　显富　梁容　昌教　陈暖　昌知
昌行　吴信　吴䶮　李志兰　昌光　胡珍　福海　邱淑贞　林汉成
林卓成　林兴球　林绣球　周欢达　陈容宝　弟子契一　李福缘
　　温和英　梁妙贤　胡活金　邱胡氏　超岸
（以上录文者为陈爱梅，核对者王敏仪、林诗萍）

图 8—20　1936 年（民国廿五年）所立的“兜率宫”匾额
（2016 年 12 月 25 日摄）

图 8—21　松年法师所题的“大雄宝殿”（2017 年 2 月 9 日摄）

图 8—22（1）楹联（1）

图 8—22（2）楹联（2）

图 8—22（1）和图 8—22（2）：竺摩法师为客堂落成而题的门联，该联不志年月，依门额，当为乙卯年之 1975 年，即受灾之翌年重建。（2017 年 2 月 9 日摄）

图 8—23 伯圆法师手书“祖堂”匾，题匾年份为佛历 2525 年，公元 1982 年（2017 年 1 月 20 日摄）

神主牌位

三宝洞历经三代住持，开山和尚清心法师在1963年圆寂之后，修有舍利塔及纪念亭，该塔亭合体的建筑，原在该寺今假山园林区外的政府地段（图8—24），经1974年的矿场坍塌事故之后易地重修，现今围墙内毗邻南天洞的一角，为2014年重新修建的（图8—25）。

图8—24 早期的清心法师纪念塔（陈爱梅摄于21世纪初期，年份不详）

图8—25 2014年5月28日会庆法师易地重修的开山和尚清心法师纪念塔（2017年1月21日摄）

1981年，该洞第二代住持宗鉴法师圆寂后火化，其牌位则供奉在祖堂。此外，包括几位开山和尚的剃度弟子比丘尼等常住众，其等之牌位，也都安奉在祖堂。

庆　典

三宝洞是正统的佛教道场，按此，马来西亚佛教国定假日的卫塞节，是其主要的佛诞庆典，此时会有庆祝教主释迦牟尼佛诞辰的浴佛仪式，让信众与临近的佛教徒前来参与。此外，农历新年的正月初一，按华人的佛教信仰，是作为弥勒诞的进香期，这也与新春祈福结合，成为三宝洞香火较盛的日子。

此外，因三宝洞设有亡者骨灰与牌位安奉服务，每年的清明及农历七月的盂兰盆，也是民众前来追思先人的季节，人潮较多，这是民俗活动，道场开放让民众自发前来，而不会主动举办任何的法会活动。

管理制度

三宝洞迄今延续为僧人住持，并设有信理员制度，后者由包括住持和尚在内的僧团法师与护持居士组成，对寺庙之产权与管理具最终决策权。此信理员制为第二任住持宗鉴法师时期所制定。

重要历史事迹

三宝洞开山之后的20世纪30年代前半叶，北京法源寺住持道阶法师应新加坡转道法师之邀而赴新加坡，并自星赴印度朝礼胜迹，返程途经槟榔屿及怡保。在怡保期间，道阶法师挂锡三宝洞，洞主清心法师十分礼遇。无论如何，道阶法师的南洋行程到此为止，1934年3月15日，道老在三宝洞圆寂并火化。翌年，北京法源寺委派应机法师南来，护送其骨灰返法源寺①（图 8—26）。

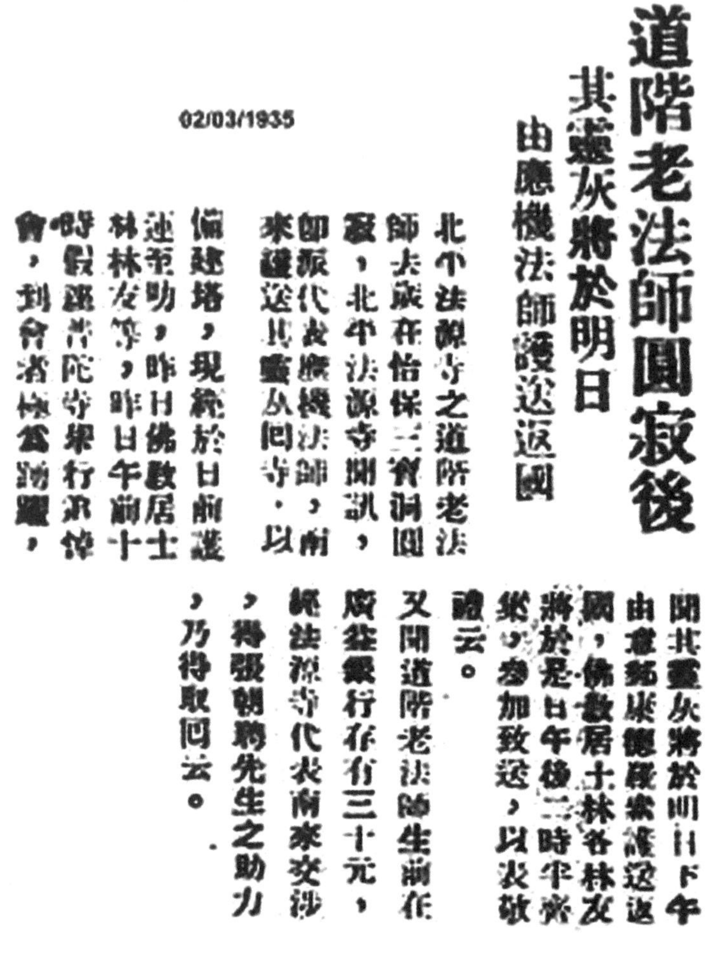

道階老法師圓寂後
其靈灰將於明日
由應機法師護送返國

02/03/1935

北平法源寺之道階老法師去歲在怡保三寶洞圓寂，北平法源寺聞訊，即派代表應機法師，南來護送其靈灰回寺，以備建塔，現經於日前護送至叻，昨日佛教居士林林友等，昨日午前十時假座普陀寺舉行追悼會，到會者極爲踴躍，聞其靈灰將於明日下午由意郵康德羅素護送返國，佛教居士林各林友將於是日午後二時半齊集，參加致送，以表敬禮云。

又聞道階老法師生前在廣益銀行存有三十元，經法源寺代表南來交涉，得張朝鵬先生之助力，乃得取回云。

图 8—26　道阶法师圆寂于三宝洞后，北京法源寺应机法师南来奉灵骨返京的新闻（开谛法师提供）

① 《道阶法师圆寂后 其灵灰将于明日 由应机法师护送返国》，《南洋商报》1935 年 3 月 2 日。此资料是由开谛法师提供。

Chapter 9: Perak Tong

Liow Min Wei

Perak Tong: The "Southeast Asian *Dunhuang*".

Perak Tong is rich with traditional Chinese art elements. Its interior layout portrays the architectural characteristics of traditional Chinese Buddhism with a Sakyamuni Buddha statue enshrined in the center of the main altar. This is accompanied by the Manjusri and Samantabhadra Bodhisattva respectively. Since its cave walls are filled with over hundreds of inscriptions and paintings by famous artists from Malaysia, Singapore, Thailand, China (Taiwan, Hong Kong, Macao and Mainland), the temple has earned itself the reputation of the "Southeast Asian *Dunhuang*."

Chong Sen Yee, the founder of Perak Tong, was a Kuomintang member and a poet whose works have been published in Buddhist magazines in Malaysia. Owing to his close family connections with the Kuomintang, the inscriptions of *Yu You Ren*, a prominent member of Kuomintang remains visible and the Sun Yat-sen Museum was established to perpetuate respect to all Kuomintang predecessors. It is said that apart from Chong Sen Yee, who graduated from the Whampoa Military Academy, the management of the Perak Tong was succeeded by his sons Chong Yin Chat and Chong Wan San who also had learned poetry writing and painting from famous masters in Taiwan.

There are few historical relics preserved in the temple. Recorded in "The Wonders of Perak Tong", the mural of Perak Tong by *Zhong Bai Mu* in 1941 is generally considered as the earliest evidence that the temple was founded before World War II. However, the viewpoint of the management of Perak Tong, suggests that the temple was built as early as 1926. This will be further elaborated in the article. Apart from that, the temple is also considered one of the most organized cave temples in Ipoh. Given their broad knowledge in classical Chinese literature, Mr. Chong and his sons fused divine poems with rhythmic tones and this marks one of the features of Perak Tong.

第九篇

霹雳洞

——全马保存最多字画的山洞佛寺

廖明威

基本简介

根据霹雳洞（PERAK CAVE TEMPLE）主持张英杰先生的说法，霹雳洞是张仙如居士于1926年创建的，至今已有近一个世纪的历史，是怡保区内少数于“二战”前成立的岩洞庙宇。不过，目前所获得的“二战”前的文物证明，是钟白木在1941年所绘的“霹雳洞旧貌”（图9—1）。今日的霹雳洞洞内依汉传佛教风格布置和建造，正祀释迦牟尼佛，副祀文殊、普贤诸菩萨。因洞内石壁、墙壁皆有来自马、新、泰、台、港、澳、中国大陆等名家的书画题词，数量过百，故霹雳洞亦有“南岛敦煌”之美号。在开山住持张仙如居士及继任的张英杰、张韵山昆仲努力下，霹雳洞现今已堪称全国最多书画题词的岩洞寺庙，也成了怡保区最有代表性的佛寺之一。

位置简介

从怡保旧街场出发，往北大约7公里或15分钟的车程，便能抵达位于怡保江沙路段四支碑的霹雳洞。霹雳洞占地10英亩，高约450英尺。

图 9—1 钟白木《霹雳洞旧貌》（扫描自张英杰［召集人］《霹雳洞旧貌》，马来西亚霹雳洞图书馆出版，1981 年，第 25 页）

据霹雳洞宣传单形容，霹雳洞“山高四百余尺，状如伏狮，洞外地段空阔，点缀花园，荷池，凉亭，绿树荫浓。洞前楼阁依山建立横越左右，气象雄伟”，可窥见其景观。

进入霹雳洞范围，首先看到的是洞外的荷池，荷池两畔分别为张华纪念亭和真玉纪念亭，湖中则是华光大帝亭。再往内走，洞外左侧为钟楼和中山文物馆，右侧为鼓楼与仙如纪念馆。

洞口耸立着高达三层的正门楼，楼柱各面皆填有名家题词、对联。正门楼两侧有供奉山神的镇山亭，也有明心祠、福慧祠、承恩祠供奉善信神主。

进入洞内大殿，即为佛寺主要部分，洞中耸立高达 42 英尺的释迦牟尼佛坐像，两旁则为韦陀伽蓝的巨型绘像。洞内深处有阿弥陀佛像金身，亦有文殊菩萨、观音菩萨、地藏王菩萨等像。

游客也可延多达三百八十级的石阶登山，半山处为“三圣殿”，山顶则建有“万庄台”，沿途各山亭包括环翠亭、骋怀亭、揽胜亭、步云亭、万缘亭及花雨亭，游客可驻足俯瞰怡保街景。

霹雳洞以“八景”著称，“八景”是张英杰先生接任洞主后所命名。1981年霹雳洞邀得钱復先生题《霹雳洞八景》（图9—9），并将其立在洞前的停车场。霹雳洞宣传单上也为“八景”做出了较为详细的形容，今节录于下：

其一，云林梵宇，即洞口正门楼，“洞前楼阁依山建立，横越左右，气象万千”（图9—2）。

其二，菩苑荷风，即洞前荷池范围，“洞外荷池，香风微拂，观音菩萨立于中央，四面花木葱茏”（图9—3）。

其三，华藏世界，为洞内宽敞的大殿景观，“洞中释尊坐像庄严，左右四大天王，石壁绘菩萨像”（图9—4）。

其四，灵岩法相，为阿弥陀佛像，“阿弥陀佛像庄严，金光灿烂，灵岩一片光芒”（图9—4）。

其五，龙象耽经，即洞内文殊菩萨像及附近的石壁，“文殊菩萨持经说法，右旁石势，如龙如象，宛然俯首耽经”（图9—5）。

其六，花雨呗音，指洞内钟乳石的自然景观，“内洞石壁，石钟乳密结，长年滴水，宛如花雨缤纷”（图9—6）。

其七，环翠啼猿，形容半山景观，“半山三圣殿，翠色环绕，时有猿啼”（图9—7）。

其八，步云扪斗，则为山顶景色，“山顶万庄台高矗云霄，云树苍茫，置身其中，超然远俗”（图9—8）。

图 9—2　云林梵宇（2017 年 1 月 15 日摄）

图 9—3　菩苑荷风（2017 年 1 月 15 日摄）

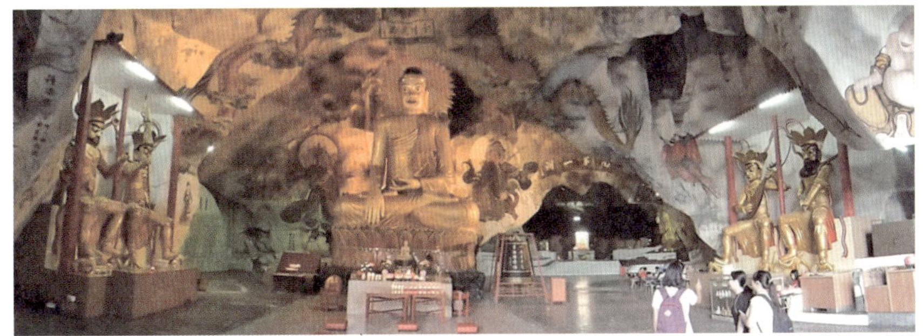

图 9—4　华藏世界、灵岩法相（2017 年 1 月 15 日摄）

图 9—5　龙象耽经（2017 年 1 月 15 日摄）

图 9—6 花雨呗音，在此处可听闻点水成音（2017 年 1 月 15 日摄）

图 9—7 环翠啼猿（2017 年 1 月 15 日摄）

图 9—8　步云扪斗（杜国康摄于 2017 年 2 月 12 日摄）

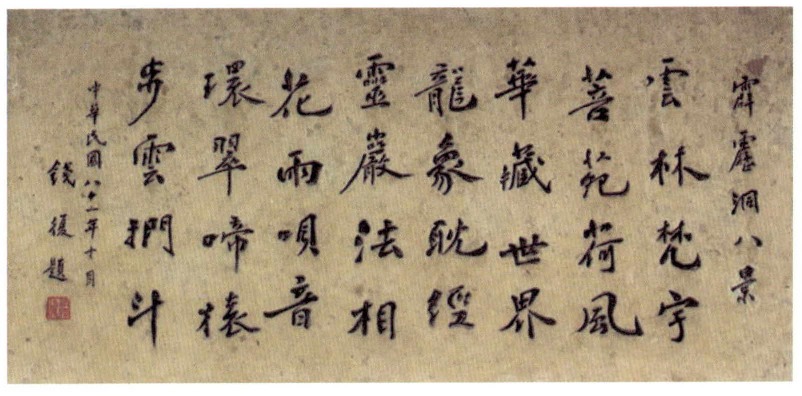

图 9—9　钱復所题《霹雳洞八景》（2017 年 1 月 24 日摄）

庙宇简史

根据李冰人的《张仙如居士碑铭志》① 及张英杰先生的访谈记录②，民国十五年（1926），张仙如居士 25 岁时，听闻霹雳怡保有许多空置的

① 李冰人：《张仙如居士碑铭志》，写于 1980 年，现存仙如纪念馆。

② 受访者：张英杰，访问日期：2016 年 6 月 24 日，访问地点：霹雳洞。

岩洞，环境幽清，适合修行，为弘扬佛法，张仙如居士离开中国大陆，来到怡保。张仙如居士随后发现，大型的岩洞因难以打理，大多无人问津，遂选择了一所巨大的天然岩洞作为建寺之所，并以地为名，命名此岩洞为“霹雳洞”。

然而，霹雳洞未能留下创立时期的证据和文物。唯一能证明霹雳洞开创于“二战”前的证据，便是《霹雳洞大观》收录的，钟白木作于1941年的水彩画像《霹雳洞旧貌》[①]。因此，笔者也无法确认1926年创立之说是否属实，另有关于张仙如居士创寺经过的讨论，都在“历任主持”的部分。

正如画中描绘的，初期的霹雳洞经营困难，信徒为数不多，岩洞内外也只有简单的棚舍。张仙如居士与夫人张钟真玉（1918—1983）、侄儿张华（1919—1996）等人坚持不懈，甚至远赴东南亚各国募款，方使寺庙得以维持。日据时期，张仙如居士被迫交出霹雳洞，日军则在洞内囤积军需。“二战”结束后，张仙如居士继续接管霹雳洞，虽然马来亚不久便进入戒严时期，但霹雳洞运作并未受戒严影响。

1956年11月，国画家曾后希来怡保举办画展后，耗时三日，画工时间共十小时，为霹雳洞绘制了一幅韦陀菩萨图。壁画高达二丈四尺（8米），“鲜袍明甲、神气活现”[②]。此事轰动一时，在《南洋商报》报道之下（图9—10），霹雳洞才逐渐吸引各地游客，香火也越来越鼎盛。以此为契机，越来越多名书画文人到此题词、撰联，或绘制壁画。到了1957年，霹雳洞便因洞内的大量字画，以“南岛敦煌”之名称于世。霹雳洞也于1957年进行第一次大规模扩建，建造了门楼与财神殿，才使霹雳洞颇具规模。此后，霹雳洞的名气也吸引了诸名人到此游历，包括1963年到访的画坛宗师张大千。书法名家于右任、著名学者胡适之也应邀为霹雳洞题词。

---

① 钟白木：《霹雳洞旧貌》，《霹雳洞大观》，霹雳洞书画馆1981年版，第25页。

② 《南洋商报》1956年11月8日，第11页。

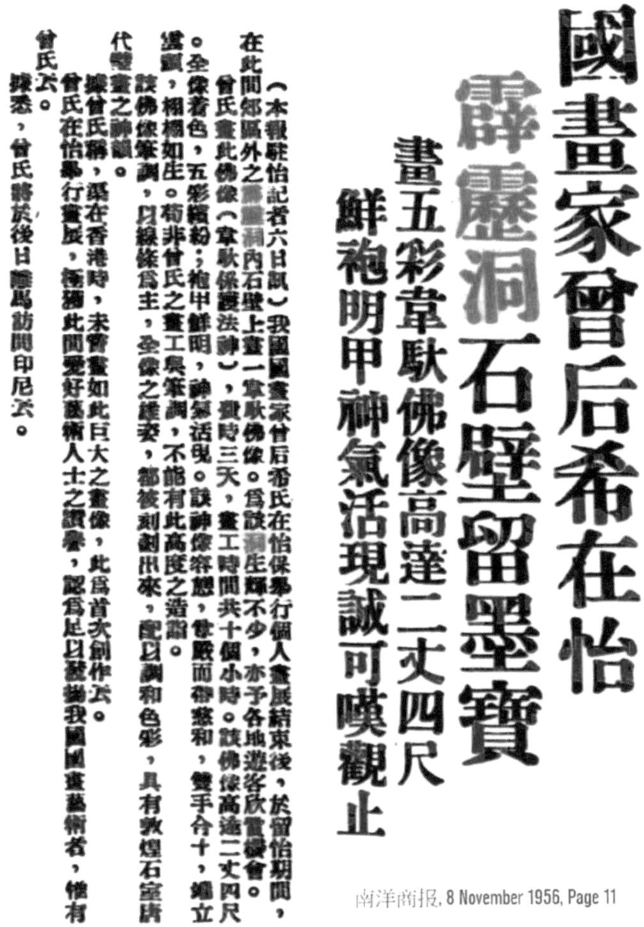

國畫家曾后希在怡
霹靂洞石壁留墨寶
畫五彩韋馱佛像高達二丈四尺
鮮袍明甲神氣活現誠可嘆觀止

（本報駐怡記者六日訊）我國國畫家曾后希氏在怡保舉行個人畫展結束後，於留怡期間，在此間郊區外之霹靂洞內石壁上畫一韋馱佛像。爲該洞生輝不少，亦予各地遊客欣賞機會。

曾氏畫此佛像（韋馱係護法神），費時三天，畫工時間共十個小時。該佛像高達二丈四尺。全像着色，五彩繽紛；袍甲鮮明，神氣活現。該神像容態，雖莊嚴而帶慈和，雙手合十，端立雲頭，栩栩如生。苟非曾氏之畫工與筆調，不能有此高度之造詣。

該佛像筆調，以線條爲主，全像之雄姿，都被刻劃出來，配以調和色彩，具有敦煌石室唐代壁畫之神韻。

據曾氏稱，渠在香港時，未曾畫如此巨大之畫像，此爲首次創作云。

曾氏在怡舉行畫展，極獲此間愛好藝術人士之讚譽，認爲足以發揚我國國畫藝術者，惟有曾氏云。

據悉，曾氏將於後日離馬訪問印尼云。

南洋商报, 8 November 1956, Page 11

图 9—10　《南洋商报》1956 年 11 月 8 日关于曾后希壁画的报道（图片由开谛法师提供）

20 世纪六七十年代，霹雳洞已逐渐奠定自己在怡保佛教界的代表地位。1959 年，马来亚佛教会第一次组弘法团到全国弘法，到访怡保时除了探访东莲小筑和三宝洞，另一个地点便是霹雳洞。佛教刊物《无尽灯》“无尽诗草”栏目也经常刊登关于霹雳洞的诗，如张逸民、张心圣、王光国等人为纪念游历霹雳洞留下的诗句，和张仙如居士应和的诗。[①] 1963年，马来西亚成立以前，也曾有砂拉越和北婆罗洲宗教代表前来霹雳洞视察马来亚宗教自由程度（图 9—11）。1976 年，霹雳洞弥勒佛像开光仪式，张仙如居士邀请拿督张国林剪彩，同时竺摩法师、真果法师也受邀参与[②]。2016 年 11 月 21 日，马来西亚邮政局推出五张以宗教场所为主题的新型邮票，霹雳洞就被选为佛教庙宇的代表（图 9—12 及图 9—14），足见霹雳洞如今在国内的知名度。

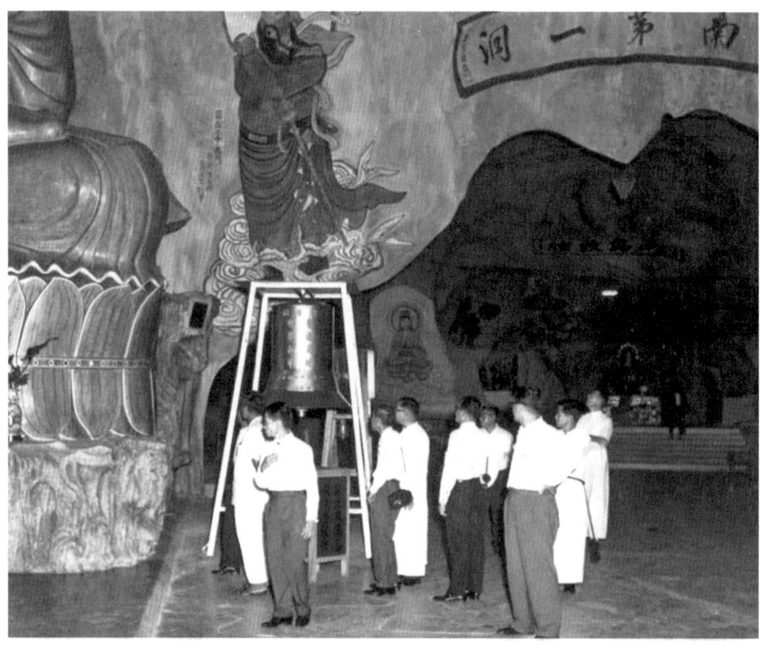

图 9—11　1963 年 2 月 6 日，砂拉越和北婆罗洲的基督教领袖到访霹雳洞，考察马来亚联邦如何落实宗教自由（马来西亚国家档案局照片，编号 2001/0028317）[③]

---

① 见《无尽灯》第 28 期（第 12 页）、第 30 期（第 17 页）、第 32 期（第 23 页）、第 38 期（第 24 页）、第 64 期（第 31 页）。

② 《无尽灯》第 71 期，1976 年，封底。

③ 档案局图片英语简介翻译。

图 9—12　以霹雳洞为主题的邮票（2016 年 11 月 21 日发行）

RUMAH-RUMAH IBADAT

Malaysia merupakan sebuat pusat tumpuan pelbagai kaum dan agama. Ia adalah salah sebuah negara paling majmuk di dunia dengan penduduk yang berlainan kepercayan dan budaya, hidup dalam harmoni. Ia adalah satu kebiasaan untuk melihat pelbagai tempat ibadat seperti masjid, kuil, gereja mahupun gurdwara dalam kawasan kejiranan yang sama, ataupun beberapa ratus meter jaraknya antara satu sama lain.

Dalam edisi setem ini, Pos Malaysia mempersembahkan beberapa tempat ibadah terkenal di Malaysia yang mewakili agama-agama yang berlainan yang diamalkan oleh penduduk di sini. Ada di antara tempat-tempat ini bersulam dengan sejarah dari India Selatan, China dan Sri Lanka. Pengaruh-pengaruh ini menjadi bukti penghijrahan penduduk dari setiap pelosok Asia dan akhirnya menjadikan Malaysia tempat mereka bertapak.

PLACES OF WORSHIP

Malaysia is a melting pot of various races and religions. It is one of the most diverse countries in the world where people of different beliefs and culture live together harmoniously. It is common to see different places of worship such as mosque, temple, church or gurdwara in the same neighbourhood or within a few hundred metres from one another.

In this stamp edition, Pos Malaysia is showcasing a few well-known places of worship, representing some of the different faiths practiced in Malaysia. Several of these places have traces of South Indian, China and even Sri Lankan history. These influences are testament that Malaysia is a land of opportunities where people from different backgrounds come together to make Malaysia their home.

Dengan Kerjasama / *With Cooperation*

Masjid Kapitan Keling (Pulau Pinang), **Church of Saint Francis Xavier** (Melaka), **Malaysian Ceylon Saivites Association (MCSA)** (Kuala Lumpur), **Gurdwara Sahib Shapha** (Kuala Lumpur), **Perak Cave Temple** (Perak)

UNIT SETEM & FILATELI / *STAMP & PHILATELY UNIT*

Tingkat 1, Ibu Pejabat Pos Malaysia, Kompleks Dayabumi, 50670 Kuala Lumpur, Malaysia
T • (6)03 - 2267 2000 (DL) / (6)03 - 2267 2267 ext 6567 / 6569
F • (6)03 - 2694 2137 / 2139 E • filateli@pos.com.my
W • www.pos.com.my / www.posonline.com.my

POS MALAYSIA

RUMAH IBADAT 21.11.2016 KUALA LUMPUR

BUTIRAN TEKNIKAL | ***TECHNICAL DETAILS***

Tarikh Keluaran | *Date of Issue* **21.11.2016**

• Denominasi | *Denomination* **60sen x 5 reka bentuk | designs** (65sen - Harga termasuk GST / Price inclusive GST)*

• Saiz Setem | *Stamp Size* **30mm x 30mm**

• Tebukan | *Perforation* **14** • Kandungan Helaian | *Sheet Content* **20 setem | stamps**

• Kertas | *Paper* **Yellow Green Phosphor 102 gsm**

• Proses Percetakan | *Printing Process* **Litograf | Lithography**

• Pencetak | *Printer* **Cartor Security Printing, France** • Pereka Bentuk Setem | *Stamp Designer* **Hazel Design Sdn. Bhd.**

• Sampul Surat Hari Pertama | *First Day Cover* **55sen***

• Folder | *Folder* **RM6.35*** (Di pejabat-pejabat pos terpilih sahaja / Only at selected post offices)

*Harga termasuk GST / Price inclusive GST

RUMAH IBADAT
PLACES OF WORSHIP

图 9—13 邮政局所发布的小册子（2016 年 11 月 21 日发行）

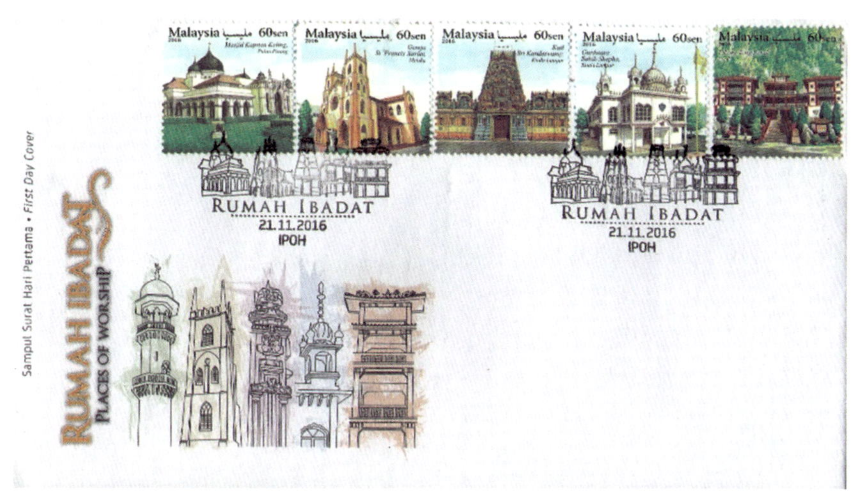

图 9—14　包括以霹雳洞为主题的邮票在内，马来西亚邮政局发布的邮票首日封（2016 年 11 月 21 日发行）

霹雳洞修建年份和部分：

1957 年，建门楼和财神殿。

1959 年，建车场莲池。

1963 年，造路造亭。

1964 年，重建正门楼。

1970 年，造地藏阁、禅悦斋。

1974 年，塑三十六尺弥勒尊佛像（《光明日报》报道，2009 年 1 月 11 日霹雳洞大石崩塌，佛像于此时被压毁）。

1987 年，塑荷池中央观世音菩萨像，装修五龙门楼。

1988 年，塑药师佛像，发展后山。

供奉神明

洞内采用汉传佛教风格，正祀高达 42 英尺的释迦牟尼佛坐像（图 9—15），配祀观音菩萨、普贤菩萨、文殊菩萨、药师佛、阿弥陀佛、四大天王、弥勒佛、玄奘法师、准提菩萨、十八罗汉、虎爷、地藏王菩萨、闵公、道明、伽蓝（画像）、韦陀（画像）。

图 9—15 霹雳洞正殿大佛景观（2016 年 12 月 24 日摄）

历任主持及庙宇简史

张仙如居士

张仙如居士，本名张顺贤，光绪二十七年辛丑（1901）生于中国广东蕉岭的书香世家。居士自幼学佛、学诗，因性格淡泊名利，遂与佛学更为投缘。少年时期便凭“一衣一钵、只履只囊”[①] 游历各地，颇有苦行僧风范。[②]

民国十五年（1926），张仙如居士到达怡保后，除了开创庙宇，亦娶妻生子，落地生根。历时五十多年四处募款，才打造了霹雳洞的根基。[③]

张仙如居士喜好作诗，对诗体格律非常讲究。由于原先霹雳洞的六十一签诗不符合近体诗格律，张仙如便在儿子张英杰的帮助下，于 20 世纪

① 李冰人：《张仙如居士碑铭志》，写于 1980 年，现存仙如纪念馆。

② 受访者：张英杰，访问日期：2016 年 6 月 24 日，访问地点：霹雳洞。

③ 李冰人：《张仙如居士碑铭志》，写于 1980 年，现存仙如纪念馆。

七八十年代着手修改签诗。他们将诗的原意保留，但通过更换字眼和句子，使签诗符合格律。同时，他们也去除了第六十一签：“灵签六一张，买油并买香；佛祖来保佑，阖家万事兴。”由于此签是“发油签”，目的只是为了鼓励信众购买香油，立意不佳。其余的六十签皆符合近题诗平仄韵脚，是霹雳洞的一大特色。

张仙如逝世于1980年，育有五子三女，其中张英杰、张韵山两兄弟继承了霹雳洞。1981年，李冰人为其撰写了碑铭志（图9—16），全文如下：

张仙如居士碑铭志

仙如居士，族望清河，粤之蕉岭人也。系出簪缨，资兼慧业性耽山水，心淡利名。壮即跋涉关河，攀越云岳，慕灵运之陟岭，履展禹贡东西效霞客之寻，幽迹遍大江南北。一衣一钵，只履只囊，俨然苦行脚僧。迨民国十五年，始梯航而南，止于怡保。觉山水洞壑之，清奇，类桂林阳朔之幽闳，遂具书请准开拓霹雳洞，有遁隐终老之意。顾鸿濛澒洞，甚大古洪荒，历五十春秋，呕万千心血，斩披荊棘，攸启山林。重荷十方善士之支持，四海仁人之赞，助终竟蔚为西佛胜地，南国敦煌，厥功钜伟高巍允然超，凡入圣。居士能诗，洞天耽句，饶有禅意，别具清音，亦以，是与骚人词客，结其翰墨因缘。生于光绪辛丑二十七年，殁于民国庚申六十九年。配钟氏真玉女士，相夫有道，德称遐迩子五，曰：引杰、毓杰、镇杰、英杰、瑞杰。皆能恢先绪而绍，箕裘马兹当铜像塑立，爰为赞曰：呲山苍苍，呲水粼粼；纪功怀德，立此贞珉；苍苍粼粼，佳哉山水；贞珉巍巍，以怀以诔；西佛胜地，南国敦煌；缅昔开拓，突破天荒；天荒突破，永怀居士；磊落风像，精神不死。中华民国七十年辛酉八月，李冰人敬撰并书。[1]

① 李冰人：《张仙如居士碑铭志》，写于1980年，现存仙如纪念馆。

图 9—16　张仙如居士雕像和铭文。摄于仙如纪念馆（2016 年 12 月 24 日摄）

张英杰、张韵山昆仲

1980 年 9 月 3 日，张仙如居士归西，享寿 80 高龄。霹雳洞由其子张英杰任洞主，张韵山任司理，继承下来。

张英杰，生于 1951 年怡保市。年幼时随仙如居士学诗，并随怡保书法家李天声学书法。年轻时期，诗作已被近体诗人易君左颇为赞赏。此后，张英杰先生曾拜李冰人博士为师，赴台北求学期间则获刘太希教授指导，诗、书功力越加深厚。其诗作曾在马、新、港、台、菲、泰、美、加、澳及中国大陆发表，也曾应邀参加马、新、港、台、日、韩等国际书法展。张英杰除了诗书并妙，亦通命理，偶尔会为信众看流年、八字等。

张韵山，生于 1953 年怡保市。中学毕业后在马来西亚艺术学院攻研画艺，得到院长钟正山老师的指导。学院毕业后，曾随陶寿伯、万一鹏、李奇茂等名家研习。张韵山画作曾在新、马、台及中国大陆等地展出。他与乃兄张英杰也曾多次在怡保、槟城、台北、高雄、台中、南京、杭州、成都等地举办诗书画联展。[①] 张韵山也曾为霹雳洞写生，其作品收录在

① 张氏兄弟简介部分参考《张英杰韵山昆仲诗书画集》，霹雳洞 2015 年版，第 1—2 页。

《张英杰和张韵山昆仲诗书画集》中（图 9—17）。

1980 年，张仙如居士归西后，张英杰与弟弟张韵山继承霹雳洞，使霹雳洞规模更为宏大，发展方向更为明确。洞内石壁和墙壁上的题词、对联、壁画在两兄弟管理期间逐渐增多，如今已累积有上百幅。其中，不少是张氏兄弟于台湾、新马两地的诗书画界结识的名家作品，包括李冰人、刘太希等人的题词，陶寿伯等人的壁画。

图 9—17　张韵山所绘的“霹雳洞写生”（扫描自张英杰和张韵山《张英杰和张韵山昆仲诗书画集》，霹雳洞出版，2015 年 6 月初版，第 9 页）

张氏兄弟接管以后，为已故的母亲张钟真玉、堂兄张华建立了纪念亭，同时建立了钟鼓楼、张仙如纪念馆和中山文物馆。此外，半山的三圣殿、山顶的万庄台，皆是此时完成。“霹雳洞八景”之称也是由张英杰先生构思、规划而成。

张英杰先生交游广泛，和三宝洞主持会庆法师、龙头岩住持李明芳道长皆互有往来。据闻，张仙如居士和李明芳道长的父亲李真祥（又名李祯祥）道长相当熟识，两家人因而结识。龙头岩于 20 世纪 90 年代期间经营不善，也是由张英杰先生出面穿针引线，才成功邀请李明芳道长重回龙头岩。

神　主

霹雳洞内并无墓园，但正门楼一楼的明心祠、二楼的福慧祠和承恩祠、洞内高台的福禄龛，都有安放信众神主。其中，明心祠内还有供奉怡保慈善家梁燊南的神主，神主上文字为“民国显考谥毅直果创梁公燊南之神位”（图 9—18）。除了信众神主，洞外张华纪念亭、张钟真玉纪念亭和仙如纪念馆也是为了纪念先人而设，且分别存有三人的略历和铭志（图 9—19 及图 9—20）。

图 9—18　霹雳洞内的梁燊南神主（2017 年 1 月 15 日摄）

图 9—19　张华纪念亭内的张华居士略历（2017 年 1 月 15 日摄）

张华居士略历

张华居士，民国八年生于梅县扶大乡三葵下村。弱冠之岁，离乡去国，抵南洋马印，定居怡保。与霹雳洞开山住持张仙如居士结缘，皈依三宝，潜修佛学。仙如居士爱其品性耿直忠厚故接纳其为侄为徒焉。当年张仙如居士开辟霹雳洞天，筚路褴褛，倍历艰辛，而张华居士则随从协助，尽忠职守，平生淡泊，不慕荣利，其对名山之贡献，有口皆碑。今日霹雳洞闻名于世，而张华居士辅佐之功，实足为后人所景仰也。张华居士歿于民国八十五年，享年七十八岁，遗爱佛门，其一生之积蓄，捐作发展基金。其人虽歿，其德常昭，因建斯亭以表扬焉。铭曰/张华居士，壮岁离乡。名山遁迹，长沐佛光。一生淡泊，忠厚益彰。随缘托钵，跡遍遐荒。精研贝叶，静坐禅堂。古稀年迈，顿悟无常。尘缘已了，道证西方。其魂渺渺，其德泱泱。斯亭永纪，地久天长。中华民国八十五年丙子九月，

张英杰敬识并书。

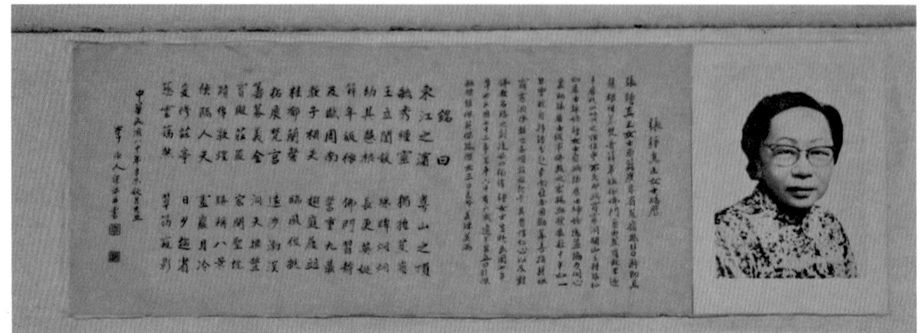

图9—20　真玉纪念亭内的真玉女士略历（2017年1月15日摄）

张钟真玉女士略历

张钟真玉女士，原籍广东省蕉岭县。髫龄即具慧根，雅慕梵音，笄年皈依佛门，并由蕉岭故里遂十，居于吡叻州之怡保市。不久，即与霹雳洞开山主持张仙如居士缔婚。钟女士自与张仙如居士缔婚后，益协力同心，襄助张仙如居士从事佛教之弘扬与发展，数十年如一日。曾亲自持钵分赴东南亚各国，劝募善捐，借供霹雳洞佛教之各项设施经费。其慧性仁心，以及对佛教名胜之创建，厥功独伟。钟女士生于民国七年，卒于民国七十二年，享年六十有六岁，遗下男五，曰：引杰、疏杰、镇杰、英杰、瑞杰；女三，曰：美玲、美珠、美满。

铭曰：东江之滨，粤山之顶。毓秀钟灵，独推蕉岭。玉立闺媛，珠眸炯炯。幼具慧根，长更英娫。笄年皈依，佛门习静。及赋周南，誓重九鼎。教子相夫，趋庭履并。桂郁兰馨，临风俊挺。拓展梵宫，远涉渤溟。筹募义金，洞天扩整。宝殿庄严，宏开圣境。迹侔敦煌，胜称八景。倏隔人天。灵岩月冷。爰修兹亭，日夕趋省。慈云蔼然，翠筠窥影。中华民国八十年辛未秋月吉旦，李冰人谨识并书。

现存文物

字　画

自 1956 年曾后希的韦陀菩萨壁画画成，张家便有意识地想让霹雳洞发展为搜集名家壁画题词的岩洞庙宇，也不断邀请文人骚客为霹雳洞题词、写对联或绘制壁画，是以洞内至 2017 年已累积了两百幅左右的作品。其中，除了壁画以外，对联和题词大多是霹雳洞收到名家墨宝后，放大并绘制在墙壁上的，但并不减少这些作品的价值。

据 Perak View 网站统计，曾为霹雳洞的壁画作者包括：曾后希，张大千，李奇茂，钟正山，叶醉白，陶寿伯，陈六林，钟正川，薛慧山，邢宝庄，马白水，林耀，陈伟烈，容漱石，周世聪，赵松筠，刘春草，郑浩千，张韵山，黄明宗，苑润兰，田曼诗，沈雁，孙以仁，李香君，张恒，冯壁池，顾媚，汤琼音，张耐冬，黄乃群，庄一村，侯一新等。题词或撰联的书法家则有：于右任，胡适，梁寒操，叶公超，钱思亮，钱复，余俊贤，刁作谦，谷凤翔，易君左，王世昭，赵少昂，朱玖莹，白圣，竺摩，洗尘，星云，刘侯武，丁治磐，黄新壁，陈其铨，阮毅成，黄君壁，万一鹏，文叠山，杨森，刘太希，张道藩，陈荆鸿，萧遥天，黄老奋，萧劲华，刘宗烈，刘逸心，彭鸿，黄崇禧，郑一峰，张白翎，郭汤盛，王光国，廖祯祥，金膺

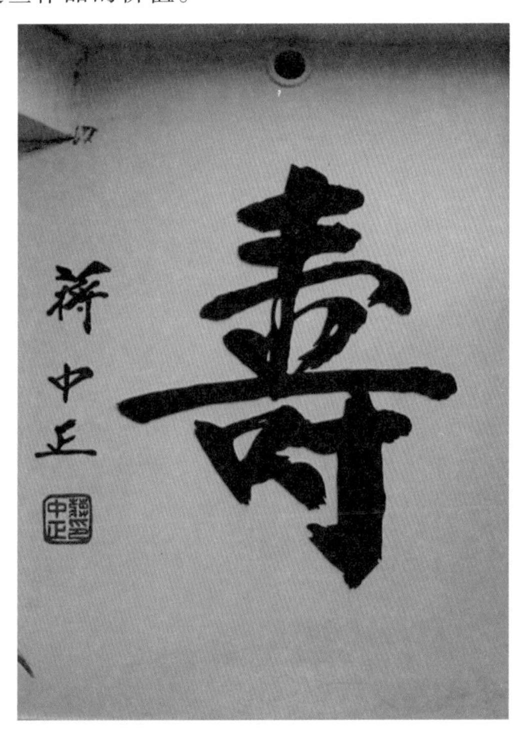

图 9—21　蒋介石题“寿”字

（2017 年 1 月 20 日摄）

显，陈光师，孙少卿，涂思宗，张英杰等。[1] 本文无法一一尽录，现仅挑选几个较有代表性的作品。

蒋介石的题词是霹雳洞收藏的代表之一。他所题的“寿”字，在霹雳洞正门楼的右侧，落款为“蒋中正”（图9—21）。

曾担任中华民国监察院院长的于右任，便曾为霹雳洞留下三幅题词。第一幅是霹雳洞山壁上以红色大字题上的“为善最乐”（图9—22），第二幅是霹雳洞正门楼中央上方的“霹雳洞”（图9—23）三字，第三幅是半山三圣殿外的“佛”字（图9—24）。

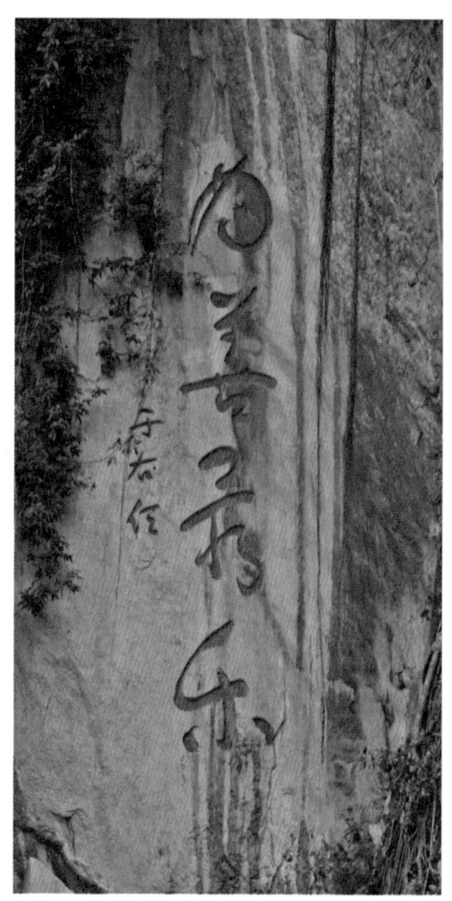

图9—22　于右任题“为善最乐”（2017年1月15日摄）

① 《霹雳洞（PERAK TONG）》，2017年1月10日截自 https://perakview.com/index.php/travel-zh/621-perak-tong。

图 9—23　于右任题“霹雳洞”（2017 年 1 月 15 日摄）

图 9—24　于右任题“佛”（2017 年 1 月 15 日摄）

著名学者胡适也曾应张仙如居士之邀，题了“霹雳洞”三字。据张英杰先生回忆，当时张仙如居士邀请胡适题词，并未定下内容。胡适先生知道，题其他的词汇和字句，恐怕会不受重视，于是便只题了洞名“霹雳洞”，让霹雳洞放在洞口等显眼之处。后来，霹雳洞也果然将此题词放在洞口，如了胡适先生的愿（图 9—25）。不过，正门楼翻新以后，胡适的“霹雳洞”三字在洞外已难以见到，需要爬上正门楼才能清楚地看见。

图 9—25　胡适题“霹雳洞”（陈耀威摄于 2017 年 6 月 27 日）

国画大师张大千曾于 1963 年 4 月到访霹雳洞，也和张仙如居士留下了彩色合影（图 9—26）。他的题词、壁画，也为霹雳洞增色不少。洞口正门楼左侧的“福”字（图 9—27）、洞内的“普贤坐像图”（图 9—28）和“美景十分”（图 9—29）的题词，都是张大千的作品。

图 9—26 张仙如居士和张大千的合影（2017 年 1 月 15 日翻拍）

图 9—27 张大千“福”字（2017 年 1 月 21 日摄）

图 9—28　张大千“普贤坐像图”（2017 年 1 月 15 日摄）

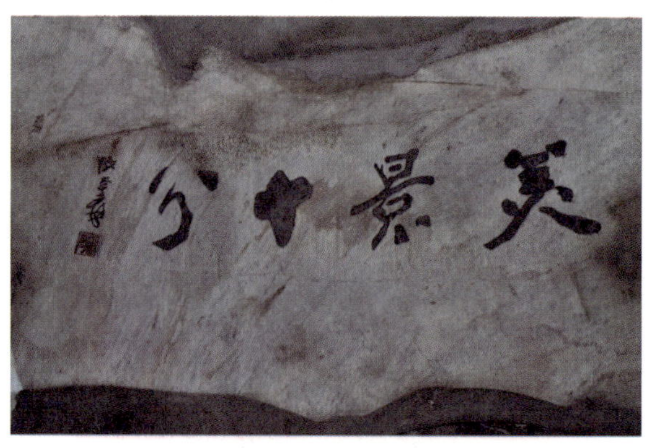

图 9—29　张大千“美景十分”字（2017 年 1 月 15 日摄）

霹雳洞作为区域的标志性佛寺，也常获马来西亚佛教界的著名法师相赠书画对联。马来西亚首届佛总会长，已故的竺摩法师便在霹雳洞留下不少字迹，包括洞外出口“法雨”牌坊上的对联（图 9—30）、洞外“菩苑荷风”四字（图 9—31），以及观音菩萨壁画（图 9—32）。

图 9—30 张英杰撰，竺摩所书，“世外看名山天教八景称无匹/洞中参法相佛说三生证有缘”（2017 年 1 月 15 日摄）

图 9—31 竺摩所题“菩苑荷风”（2017 年 1 月 15 日摄）

图 9—32 竺摩作于 1970 年的观音壁画（2017 年 1 月 15 日摄）

其余历史较为悠久的字画，包括李天声于 1958 年所写的“洞天开霹雳，南国有敦煌”[图 9—33（1）、图 9—33（2）]。

图 9—33（1）、图 9—33（2）：霹雳洞口李天声撰联（2016 年 12 月 25 日摄）

易君左写于 1959 年的对联“名山上下空千古，古洞东南第一名”，同样历时已久，现位于正门楼底层［图 9—34（1）、图 9—34（2）］：

图 9—34（1）、图 9—34（2）：正门楼底层对联（2016 年 12 月 24 日摄）

以题词为类别，霹雳洞现存最早的题词，同样是易君左先生所题的“南岛敦煌”四字（图 9—35），题于丁酉年（1957）春：

图 9—35　易君左“南岛敦煌”（2016 年 12 月 24 日摄）

便如上文“简史”所述，霹雳洞真正引起大众关注的，便是 1956 年 11 月由曾后希所画，二丈四尺的韦驮菩萨画像（图 9—36）。这也是霹雳洞最早的壁画。

图 9—36　曾后希《韦陀菩萨》（2017 年 2 月 12 日摄）

签诗

霹雳洞的签文也是洞内的一大特色。和怡保境内其他庙宇不同，霹雳洞使用的是张仙如居士和张英杰先生父子共同修改过的签文，每一首都符合近题诗的格律。如第一签：“白日青天云雾散，光辉灿烂照人间；前途一往无难事，伫听高歌奏凯还”（图 9—37），用的韵是上平声十五删。又如第六十签：“六十从头花甲週，知君老去更风流；儿孙满眼皆荣贵，百福同临孰与俦”，用的韵则是下平声十一尤。签文的修改工作，显示了张仙如父子的诗才，同时也是张仙如居士留给霹雳洞的珍贵遗产。

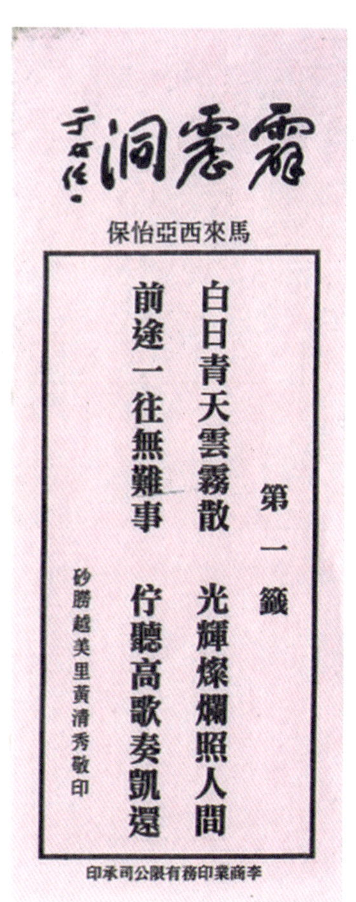

霹靂洞

馬來西亞怡保

第一籤

白日青天雲霧散　光輝燦爛照人間

前途一往無難事　佇聽高歌奏凱還

砂勝越美里黃清秀敬印

李商業印務有限公司承印

图 9—37　霹雳洞签文第一签（王敏仪扫描于 2017 年 1 月 24 日）

管理制度和庆诞

张仙如居士过世后，庙宇便由其子张英杰担任主持，张韵山担任司理，进行打理。张氏昆仲持续乃父的经营模式，继续积极丰富霹雳洞的壁画、题词和对联。

平日，霹雳洞没有太多特别的宗教活动，但张英杰先生偶尔会为信众看八字、相命、流年等，张英杰的胞妹也会为信众解签（图9—38）。寺院重大的庆典，只有农历五月的卫塞节和地藏王菩萨诞。中山文物馆也会偶尔举办书画展等活动。

图9—38　霹雳洞香油部、解签的柜台（2017年1月15日摄）

传说轶闻①

詹君送福

据张英杰先生转述，他多次听闻长辈谈起霹雳洞内一只巨蟾蜍的故

① 这段落由陈爱梅访谈与书写，廖明威整理。受访者：张英杰，访问日期：2017年1月20日，地点：霹雳洞。

事。“二战”前，就有人曾目睹一只巨蟾蜍在霹雳洞出没。“二战”期间，霹雳洞被日军占据，用以存粮，张仙如居士也被迫搬离霹雳洞，到万来客栈靠卜卦算命为生。当时，任何想从后山潜入霹雳洞偷米的人都会被枪毙，平民根本没办法靠近。如此严峻的环境下，人们以为蟾蜍将会离开霹雳洞，岂料日军离开后，人们却依然在霹雳洞目睹到巨蟾蜍的踪迹，可见，蟾蜍不曾离去。此后，霹雳洞稳健发展至今，未知是否是蟾蜍带来的好运。因此，张英杰先生也表示有意在洞内供奉这只传说中的蟾蜍，并取名“詹君送福”。

洞内毫光

“二战”前，张仙如居士平日便居住在霹雳洞。一天晚上，一位名为李桂英的工人看见洞内一处绽放毫光，便转告张仙如居士。放毫光之处便是如今释迦牟尼佛坐像之所在。张英杰表示，坐像的位置本来是阶梯式的神龛，以三宝佛为主神。后来，张仙如居士将神龛拆了，以建造释迦牟尼佛坐像。虽然张仙如居士并非因毫光的出现才决定供奉释迦牟尼佛，但这神奇的事迹依旧令张英杰先生印象深刻。

附：田调札记

廖明威

本来预计费时三个月的研究，因州政府的不断支持，结果成就了《南洋华踪》的出版计划。从筛选庙宇、进行田调，到最后整理文章、增润文字，前前后后花了近一年的时间。对于出身天主教家庭，又刚刚学士毕业的菜鸟助理，这次研究不可不谓一次奇妙的旅程。半年的田调时间内，我和昭慧几乎跑遍了整个怡保。找到铭文或题字后，又得耗费巨大的心力辨识文字，整理成文档。南天洞龚善德道长写下的五千字诗歌就是这样一点点地整理完毕的。

仅仅半年的田调，虽然不足以使自己和庙宇产生多大的情感，但和负责人的多次访谈，和文物、文献的接触，也令自己不禁开始思考这些庙宇当今的存续问题。七所岩洞庙宇当中，固然有的经营得有声有色，却也有部分失去了往日的荣光或方向。一面整理建庙先贤的事迹，一面将现况看在眼里，不免有些唏嘘。

现代化巨轮下，以往道士或法师为民福祉的职业，如悬壶济世、命理解惑也不再是宗教的专业。以往维系群众的方式，现今已难以成立。一些“二战”前传承无虞的岩洞庙宇，现今却青黄不接，虽也有战火摧残的因素，主因仍是道士、法师的职业已不再有吸引力。除了丧殡科仪，信众需要的不过是祈福求财，少有对宗教思想感兴趣，更别说有心学道了。香火鼎盛者如南天洞，道脉仅仅传承四代；东华洞，创庙黄道长仅留下几张旧相片，许多门人连名字都未留下记载。经营惨淡者如常年关闭的南道岩；仅有一名年近八十岁的女士帮忙打理的广福岩。战前香火鼎盛，本有机会在怡保建构有力宗教传统的佛道支派，因时代的作弄收获如此结局，令人惋惜。

连带而来的，便是在历史书写上造成的种种问题。当问及先代创庙先贤的历史、年份与名字时，负责人大多也是一问三不知。随长者的离世，庙宇的历史也大多随之埋没，如南道岩逾百年的历史，大部分已随着前任住持的离世而埋没。所幸各庙宇依旧保留创庙早期的文物，如古钟或仪仗，但可能是因为木制文物本就无法耐久，或是庙宇缺乏保养文物的方式，文物的保存状态大多不尽理想。如尘封在广福岩杂物堆的一个逾百年的牌匾，又如南天洞楼阁上斑驳的壁画题诗。田调期间，仍能进行访谈、搜寻到《特刊》等文献、亲眼看见文物，都深感幸运。再过几年，这些历史印迹是否存在，还是一大问题。这也是研究团队一直以来最大的研究动机和动力。

廖明威在田野调查中（陈昭慧摄于 2016 年 10 月 6 日）

《南洋华踪》带给自己最大的意义，不是一毕业便有幸参与学术出版的荣幸，而是清楚知道，自己确实地为本土历史的建构做出了贡献。数十年后，南天洞、霹雳洞、广福岩可能依旧耸立，但是否还会留下南天洞的开山祖师的种种传说？是否有人知道“梅峰重兴祖师”曾在广福岩拜师出家？文物可能损毁，历史可能消散，但只要有人愿意记载，愿意留下印记，过往的事迹终将有人忆起。

写于 2017 年 1 月 22 日

Chapter 10: Conclusion

Tan Ai Boay & Toh Teong Chuan

Traces of the Chinese in Nanyang will dim with time, if left unpreserved and undocumented. This book seeks to collect and document the historical data of the Chinese in Perak, in terms of migration with a focus on temples, religion and culture. This can be deemed as one of the origins of the Chinese history in Malaysia. In the course of reconstructing this history, reference was made solely to historical sources. This article summarizes the findings of the research and seeks to address the questions pertaining to its historical sources. The seven temples laid in the book are chronologically based and their epigraphical materials served as valuable primary sources which have to be examined carefully. While most historical researches emphasizes on facts, legends are equally noteworthy. According to Prof. Leonard W. Andaya, legends play an important part in the historical research of temples as they are reflective of societal values and beliefs. Unfortunately, this book offers little room for a comparative study as it merely seeks to document the legends of the temple in an informal perspective. In fact, the issue of inheritance imposed a huge challenge on the pre-war cave temples today. With the exception of the Sam Poh Tong and Lung Tou Ngam, most temples are no longer managed directly by the religious authorities. This might impact the functions of the temples in the long run.

第十篇

结　　论

陈爱梅、杜忠全

南洋华踪，历史印迹会随着时间的推移而慢慢淡化、被遗忘或消失，故而我们不得不进行整理和保存。百余年来的华踪，置于悠悠的历史长流中，那只是距今不远的短暂过去，不过，对于已在南洋落脚生根的华裔来说，那是我们在马来西亚的“初史”——第一代移民所带来宗教信仰和文化。任由“初史”在岁月中腐朽是可惜的。然而，虽然我们急于寻找渐行渐远的“初史”，我们更讲究严谨的史料依据。

在以“史料”为建构历史的原则上，开始我们对南天洞自称成立于1867年持怀疑态度。随着新史料，即度牒的出现，我们不接受南天洞成立于1867年的说法。本书也不采用广福岩后期所志之“1884年”的成立年份。除此之外，根据霹雳洞的说法，该洞成立于1926年，并于1981年刻碑铭志。不过，对比其他资料，我们对霹雳洞成立于1926年的说法存疑。肯定的是，霹雳洞在“二战”前就已成立了，钟白木于1941年所绘的水彩画证明了这一点（图9—1）。

什么是史料？这是每个修读历史系的学生都必须学习的基础课。不过，在进行怡保这项研究时，我们也感到困惑了。就马来西亚华人历史研究而言，英殖民政府的英文官方档案、中文的石碑和铭刻等，都是重要的一手史料。就怡保岩洞庙宇研究而言，照片和画的年份可信吗？三宝洞现存最早的文物是1931年的铜钟一口（图8—19）。按开谛法师提供的旧照片，上有“怡保三宝洞廿五週年并逢开山住持清心和尚七秩寿辰大典摄影纪念：一九五一年七月廿七日”（图8—14）。这张照片的年份可信否？

如果是一般手写的，我们大概会存疑。不过，既然该题记是当时由摄像馆所标示，且是在开山和尚健在的情况下进行的庆典活动，同时与该寺的开山铜钟所间隔的年份尚属合理，除非出现其他的史料，否则其可信度应予以接受。按此，我们才将三宝洞的成立年代放在霹雳洞之前，因三宝洞成立于 1926 年的史料证明，比霹雳洞具更高的可信度。

器物铭刻被史学家视为珍贵的一手资料，但在研究过程中，我们也发现了铭刻的问题。在远赴中国福建莆田梅峰光孝寺寻找微嘉法师的足迹时，发现了光孝寺分别在 1982 年与 1991 年以开山祖微嘉和尚之名铸造的云板（图 3—13）。发现的当下很兴奋，回来整理及排比资料时，却一时困惑不已；面对这样的材料，研究团队都笑言，究竟是微嘉法师乘愿再来了，还是上演穿越剧了呢？幸好这一次的田野除了征询该寺究竟有过几位法号为“微嘉”的法师，同时获得寺众的确认，该寺凡称“微嘉”者，只此一人，绝无第二位同名者之外，也另外按线索造访仙游县的会元寺。枫亭会元寺之行虽无重大的发现，却自该寺拍回同一款式之云板的相片，铸造年份也相去不远，这才解除了困惑：原来这些都是“文化大革命”后重铸的法器，“1982 年”者是散去的寺僧返回寺，恢复暮鼓晨钟之僧家作息之后，简单铸造以为日常使用的，而“1991 年”者则是该寺在海外注资重修之时精工再铸。新造的云板铸上微嘉法师的名号，只是表示该寺迄今不忘百年前微嘉法师重兴之功，同时也因该寺迄今的法脉传承，依然是自重兴祖微嘉法师延续而下的脉络，因此不忘祖德。从这项研究中我们发现，史料的可信与否，并不是昭然若揭的，被史学家认为珍贵无比的碑铭或铸纪，也需要小心求证，有时甚至需要借助旁证，否则可能造成错认史料，因此判断失误而妄下结论。

搜集、分析、判断，最后我们一致认为广福岩是怡保岩洞庙宇中年代最为久远的，因为它保存了最早且可信度高的史料—客堂的牌匾（图 3—20）。接下来是南道岩，现保有光绪癸巳（1893）年的钟（图 4—10）。在光绪甲午（1895）年（图 5—12）建立的龙头岩排例第三。这三座庙宇的文物显示庙宇成立后，人们才向政府进行注册。需要说明的是，英殖民政府在 1895 年颁布注册法令之前，并不见有官方注册之要求与程序，因此，我们相信在 1895 年的注册的庙宇实际成立年代更早于此。南天洞，或南道岩的状况则是相反的，其注册年份早于庙宇的文物。不过，根据马来西亚国家档案局的旧照片，以及霹雳洞洞主张英杰先生的口述，南天洞早年有几个高挂的匾额，但如今已不复见了。按照一般的状况，庙宇先成立后注册，我们推论那消失的匾额可以将南天洞的历史推向更早，但在不见文物的状况下，我们只能且以 1897 年的官方注册（图 6—2）为南天洞最早的史料。进入 20 世纪后，东华洞、三宝洞和霹雳洞相继建立。虽然三宝洞和霹雳洞都有成立于 1926 年之说，但如前两段史料为先的判定准则，我们将三宝洞的成立置于霹雳洞之前。

历史讲究的是真实和理性；传说往往充满神秘的超能力色彩。历史和神话是违和的吗？传说是否有助于建构历史？针对这样的问题，美国夏威夷大学的 Leonard W. Andaya 教授，闻名的马来西亚史专家之一，在回笔者的电邮中分析了传说对历史研究的意义。可惜的是，传说每每需要时间的酝酿与渲染，而百年的时间虽然不短，但对于宗教场所而言，却相对不长，同时，不同的宗教与信仰对待传说往往有不同的态度，有的乐于分享，也有排斥不说的。其中的差别在于，如是民间信仰或道教的寺庙，都主动突出相关的神奇故事，强调特定情节的神力显迹部分，以此张扬信仰不虚。反之，佛教道场部分，如是经过正统宗教义理训练的主事者，则往往对传说采排斥或缄默不谈的态度，认为如此非但不会为弘传教义加分，反倒模糊了核心价值。基于尊重的原则，我们并不强求采集对象一定得提供这方面的资料，而是按采集对象的态度，如谈起这一部分，则为之整理，以为纪录。整体而言，我们收集到的传说并不多，现阶段也无法进行系统的比较和分析，目前只能将其记录下来，以备来日的研究使用而已。

19 世纪末 20 世纪初的霹雳怡保岩洞庙宇隐藏着知识文人，他们或披袈裟、或着道袍，在交通不便的时代将铜钟、仪杖、匾额等运往岩洞庙宇，有者甚至在墙上绘画、题诗，留下珍贵的文化和历史遗产。无论如何，调查发现显示，岩洞的先天环境对保留文物相当不利，一些创立年代较久远的岩洞寺庙，其创立年代的文物每每七零八落，让人感慨不已。本次的调查所能做的，就是尽可能结合档案史料与现存的文物资料，来核实及论证这些岩洞寺庙的历史痕迹，有些资料如果现在不搜集，将来也许更难获得了。

今日，这些庙宇的硬体设备尚在，但宗教文化人何去了？南道岩、龙头岩和南天洞都曾同属全真道派，除了龙头岩尚如此，其余的道观皆没有道士了。南道岩的破损令人担忧但无可奈何，南天洞由理事会接管后很明显地朝旅游开发，幸运的是尚保存庙里的文物和建筑。广福岩、三宝洞和霹雳洞都属佛教的岩洞庙宇，广福岩和三宝洞原属僧人系统所创的庙宇，霹雳洞则是由居士所建立和管理。除了中国和马来西亚霹雳州，广福岩的微嘉法师的影响也远达新加坡和印度尼西亚，当时他应是一位有能力和修持的僧人，但是，现如今所能找到的资料，却是那么零散和稀少，这与他迄今所延续的海内外影响，显然不成正比，让人深为遗憾。汇整史料为研究的基础，我们希望这项研究能抛砖引玉，能吸引有志之士继续研究。如同道教系统的道观，原属佛教僧人系统的庙宇中，也仅有三宝洞尚维持僧人长住了。住僧的青黄不接及断层危机，应是三宝洞和广福岩所面对的隐忧。至于佛教居士系统的霹雳洞，仍以自信、从容的姿态与优质的管理，去接待各族及各地的文人、香客和游客。

目前的调查显示，民间信仰之外，制度性宗教方面，虽然道教在怡保据岩洞修道观的历史来得早，但佛教的岩洞寺庙显然居多，尤其近年来涌现的，多数都是佛教寺庙，道观都是历史的延续。这样的发展趋势，虽然只是怡保岩洞道场的调查所见，但应该也反映了佛、道两教在马来西亚的一般发展现况。同时，制度性宗教都面对专职宗教师凋零的问题，相对而言，道教似乎也比佛教来得严峻，怡保岩洞寺庙的整体调查数据，应也反映了这一点。

虽然个人在 21 世纪初就已经开始关注和收集怡保岩洞庙宇的资料，但这本书的田野调查工作，主要是在 2016 年中及 2017 年初进行的，而我们只能根据我们所搜集、所看及所闻的来进行滙整、铺陈和分析。为了保持文章的原创性，在出版之前，我们没有将任何一篇文章先行放上网，连照片我们都要求“真”，尽可能还原真实原貌。这个研究专案进行期间，团队都抱以战战兢兢的态度，恐有失真，以致愧对历史中披荆斩棘奠下基础的先辈们。这本书的撰写和文字加工过程，虽然经由许多人的反复审核，但仍恐不可避免其疏漏之处。任何的不足，乃是主编之失责，还望各方指正。

后　记

杜忠全

这个计划的最初开头，是霹雳州行政议员拿督马汉顺医生的询问。2015 年中，拿督马来金宝主持一项赞助计划的新闻发布，会前的谈话，拿督马特别关切地问了席上嘉宾，在以岩洞寺庙闻名的近打河谷一带，究竟有着多少座这样的寺观？之前是否有任何个人或单位对此进行一番详略的研究与调查？是否有过任何可作凭据的官方或学术数据？这一连串的询问，答案都是否定的，但当时我只随口说，这是很有意思的调查，值得一做，但得有一定的人力与财力后盾，非个人之力做得出成果的……

原以为拿督马政务繁忙，这一番征询只是应景的场面话。事隔半年余的 2016 年上半年，又一场经由霹雳州政府属下非伊斯兰事务局主催而在金宝拉曼大学举行的大专生活动上，作为开幕人的拿督马，碰面又谈起这事，可见，此事一直搁在心里头。跟前次不一样的是，此次在场的，有硕博士时期皆以霹雳州华人社会史迹为研究课题的陈爱梅博士。此后数日，一通来自怡保州政府单位的电话联系之后，我们就出现在拿督马的办公室，而这一由州政府予以资金赞助的研究计划，也就立马在 2016 年 6 月开始，落实为拉曼大学中华研究中心下的一个外挂研究项目了。

类似这一最初以得出数据为前期目标的研究，必得有专职的研究助理，才能有效地进行资料搜集工作。两位在首二期的田野阶段出任助理的，都是在完成本科课程后留任，期间完全投入调查工作。廖明威和陈昭慧这两位专职助理，他们在承担任务期间。多是在怡保做蹲点调查，只在每周返校“述职”，一方面整理阶段性的调查数据与成果，也商讨过去一周所面对的各种“疑难杂症”之解决方法，同时大略协调接下来的任务与目标。第一期的工作以两个月为调查期，这一阶段的调查，其实是他们最辛苦，也是成果最丰硕的积累；他们所做的，是过去的官方与学界乃至民间，都不曾着手进行的岩洞寺庙调查工作。因为没有任何数据可依凭，因此只能采取最原始的方式，即开车绕着岩山来逢山找庙，以此得出岩洞寺庙的整体数据。原设定的范围是近打河谷一带，以现在的霹雳州行政区划而言，其实包括了怡保市、近打县和金宝县等在内，范围颇大。如此设定较大的范围，因在这之前大家都以为，近打河谷一带的岩洞庙宇虽然多，大致就在二十来座左右。然而，自 6 月开始在怡保市进行调查，到了 7 月初，就已得出超过 36 座岩洞寺庙的数据！这样的成果，让我们不得不作出将调查范围缩小在怡保市的决定：在目前的人力与财力条件下，不妨先把岩洞寺庙较集中的怡保市所辖范围做好，未来再考虑其他的了，否则两头不着岸，反倒是遗憾！

8 月份的第一阶段成果汇报，就怡保市的辖区而言，当时的数据是总计 36 座岩洞寺庙，以及另外 6 座毗邻岩洞的寺庙，合计 42 座。这 42 座狭义与广义的岩洞寺庙，是两位研究助理绕岩山钻草丛，外加反复吃闭门羹、被数只乃至十几二十来只守庙狗追吠之后，才累积而得的成果！对赞助方的州政府单位，也对我们来说，这数量是惊人的：比原先大家预估的，几乎超出了一倍，也可见怡保特有的地貌，长期以来所形成的地方寺庙文化，是值得重视与整理及载录的。

同样的团队在赞助单位的支持下，将计划延续到第二期，即按第一期的成果继续深入进行，将战前已然形成，且有文献与文物可循的 7 座岩洞寺庙展开进一步的历史调查与初步的历史梳理。对于这一点，两位在第一线跑田野的专职助理，已在他们的田野札记有所感叹，兹不赘言。第三期计划的助理林诗萍、王敏仪和摄影师邓汶康除了按书稿确认资料与摄影，也继续增补数据，原第 42 个岩洞之后的发现，都是他们努力的成果；听说有新发现而有关寺庙紧闭大门时，他们甚至想翻墙而入以勘察，这当然被老师阻止的。本书最终呈现的 49 座广狭义岩洞庙宇，是她们连同摄影者邓汶康在 2017 年 1 月至 2 月间继续追踪而得的数据。

因追踪岩洞寺庙的历史线索，我们的团队分头进行，除了专职助理继续蹲点到相关的寺庙极尽搜集史料，联袂计划主持人陈爱梅博士到国家档案局调阅图文旧档案，由在吉隆坡的研究生张敏楹进一步向档案局申请复制资料，更于5月上旬到新加坡增补缺漏的档案资料。我个人也沿着其中两座佛教寺庙的历史线索，而远赴福建的莆田市与仙游县，以便为自怡保岩洞寺庙走出而在中国原籍的佛教祖庭展现巨大影响力的微嘉法师，进一步地搜集有限的传世资料。田野调查往往得“三顾茅庐”，访而不遇，就再而三地登门，至于最后能找到多少资料，就只能尽人事了。然而，福建行至少印证了一件事：在马来西亚佛教极少被提及的微嘉法师，虽然只是偏在怡保南郊之岩洞寺庙的剃度徒及继任住持，却在原籍产生了极大的影响。在过去讨论马来亚乃至马来西亚汉传佛教时，这是极少受到关注的。

以前两期的调查计划成果为基础，而进入第三期的结集出版阶段，首先是赞助单位的全力配合与支持。自2016年6月落实计划之后，一直到今年1月正式迈入第3期的汇整成果为止，赞助单位都不曾对外作出任何的发布，也未在研究工作期间予以任何的干预，让团队得以按自己的模式循序渐进地得出成果，也让这一调查能在完全不受外来干扰的情况下进行，这是这一计划能获得成功的关键因素。在前两期的调查阶段跑在第一线的两位专职助理，廖明威与陈昭慧，他们的配合无间，才能在预期的时限内完成计划的目标。后期加入的两位助理，王敏仪和林诗萍，在过大年的匆忙中埋首于文案整理与走访田野地核对资料，以及赞助单位特派的专职摄影师邓汶康，大家都在短时间里完成了 研究团队的任务，是这书最后能成形之不可或缺的条件。当然，远在北京的责任编辑宋燕鹏博士，也在团队背后予以必要的咨询，从而在最短的时间解决疑难。这些，都是本书能在短时间里成形的助力。

《南洋华踪：马来西亚霹雳怡保岩洞庙宇史录及传说》一书出版了，怡保岩洞庙宇的研究，其实才正式拉开帷幕，未来的工作，还待很多人一起投入。

是为盼。

2017年1月31日大年初三于槟榔屿

附录：中英对照（按汉语拼音排列）*

长生宫 *Chang Sheng* Temple

慈航禅院 *Ci Hang* Temple

丹绒巴葛 Tanjong Pagar

东华洞 Tung Wah Tong

东华洞佛教徒坐禅中心 Tung Wah Buddhist Meditation Centre/Pusat Meditasi Buddhist Tung Wah Tong

龚善德 *Gong Shan De*

广福岩 Kwong Fook Ngam /Kwong Fuk Ngam

宏昌法师 Rev. *Hong Chang*

黄澄清 *Huang Cheng Qing*

吉辇县 Kerian

金宝县 Kampar

近打县 Kinta

江沙县 Kuala Kangsar

昆仑喇叭 Gunung Rapat

拉律 Larut

李瑞芳/李修清 Lee Soon Fong /*Li Xiu Qing*

李善连 *Li Shan Lian*

梁燊南 Leong Sin Nam

梁星垣 *Liang Xing Yuan*

---

* 仅据文章中马来西亚的地名和英译摘要出现的人名与庙名列出。斜体字者是没用马来西亚华人社会惯用拼法，故采用汉语拼音。

林六昌 *Lin Liu Chang*

卢善福 *Lu Shan Fu*

龙头岩 Loong Thow Ngam /Lung Thau Ngam

陆德昌 *Lu De Chang*

马登 Matang

马登巴冷县 Batang Padang

曼绒县 Manjung

慕亚林县 Muallim

拿督公宫 Datoh Kong temple

南道岩 Nam TouNgam

南道院 Nam To Yin

南天洞 Nam Thean Tong

霹雳洞 Perak Tong

清心法师 Rev. *Qing Xin*

屈德福 *Qu De Fu*

三宝洞 Sam Poh Tong

三教殿 *San Jiao Dian* (The Hall of Three Regions)

上霹雳县 Hulu Perak

司南马 Selama

天公五老观 *Tian Gong Wu Lao Guan* (Jade Emperor and Five Sages Temple)

天有宫自在官 *Tian You Gong ZiZai Guan*

维嘉法师 Rev. *WeiJia*

下霹雳县 Hilir Perak

新邦波赖 Simpang Pulai

怡保 Ipoh

余东璇 Eu Tong Sen

玉皇宫 Yuk Wah Gong

于右任 *Yu You Ren*

张仙如 Chong Sen Yee

张英杰 Chong Yin Chat

张韵山 Chong Wan San

郑理吉 *Zheng Li Ji*

钟白木 *Zhong Bai Mu*

中霹雳县 Perak Tengah

钟善坤 Chung Sin Kuan

宗鉴法师 Rev. *Zong Jian*

索　引

E

F

G

J

K

L

M

N

P

Q

R

S

T

W

X

Y

Z